QUESTION COLONIALE

SOUS

LE RAPPORT INDUSTRIEL.

QUESTION COLONIALE

SOUS

LE RAPPORT INDUSTRIEL

PAR M. PAUL DAUBRÉE.

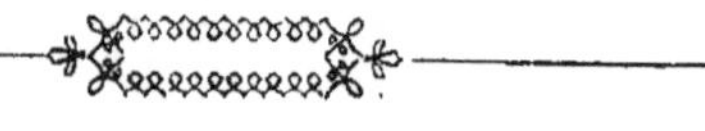

PARIS.

IMPRIMERIE DE FÉLIX MALTESTE ET Cie,

RUE DES DEUX-PORTES-SAINT-SAUVEUR, Nº 18,

Près le passage du Grand-Cerf.

1841

AVANT-PROPOS.

Dans les circonstances pénibles et difficiles où sont engagées les colonies, l'esprit des colons semble exclusivement préoccupé d'idées politiques. Ils ne voient autour d'eux qu'un abîme prêt à les engloutir, l'*émancipation*, et, en face d'eux, qu'un seul ennemi, les *émancipateurs*. Cette préoccupation, bien naturelle sans aucun doute, est utile et bonne en elle-même, surtout si, au lieu de se raidir avec violence contre une irrésistible fatalité, ils cherchent consciencieusement à tirer le meilleur parti possible de la mauvaise affaire que leur ont faite certains hommes et certaines idées.

Cependant, il serait fâcheux que leurs yeux restassent fermés à l'endroit d'intérêts non moins graves

AVANT-PROPOS.

Dans les circonstances pénibles et difficiles où sont engagées les colonies, l'esprit des colons semble exclusivement préoccupé d'idées politiques. Ils ne voient autour d'eux qu'un abîme prêt à les engloutir, l'*émancipation*, et, en face d'eux, qu'un seul ennemi, les *émancipateurs*. Cette préoccupation, bien naturelle sans aucun doute, est utile et bonne en elle-même, surtout si, au lieu de se raidir avec violence contre une irrésistible fatalité, ils cherchent consciencieusement à tirer le meilleur parti possible de la mauvaise affaire que leur ont faite certains hommes et certaines idées.

Cependant, il serait fâcheux que leurs yeux restassent fermés à l'endroit d'intérêts non moins graves et non moins positifs, et que, tout attentifs à envisager avec effroi et à conjurer de leur mieux la mort qui les menace ouvertement, ils ne vissent pas les dangers qui s'accumulent sourdement derrière eux et la puissance toujours croissante d'une industrie rivale.

Tandis que d'autres, plus habiles et plus haut placés, consacrent leur temps aux discussions des choses politiques, il nous a donc paru qu'il était utile d'aborder la discussion des choses industrielles, de démontrer que la *Betterave* est une ennemie plus formidable que l'*Émancipation* elle-même, parce que d'elle doivent partir les premiers coups, d'expliquer comment il est possible d'en triompher, par quels moyens, dans quel temps.

Tout le monde sait, tout le monde a suivi les immenses développemens qu'a reçus en France la fabrication du sucre indigène; cela tient du prodige. Jeté dans la consommation en masse énorme, il frappe de discrédit les sucres coloniaux, et il a opéré, cette année-ci notamment, de telles baisses dans les prix de vente que les colonies et les ports de mer sont aux abois. Encore deux récoltes semblables, encore deux années, pendant lesquelles, la fabrique coloniale restant stationnaire, la fabrique indigène aura augmenté la supériorité et le chiffre de ses produits, et la ruine sera complète, inévitable! Je n'ignore pas que, pendant ce temps, les fabricans indigènes souffriront cruellement ; mais, placés au centre des lumières et des capitaux, ils peuvent, dans un but d'avenir, s'imposer des sacrifices, impossibles pour le colon qui est misérable, qui est obéré, qui est exilé au delà des mers, loin de toute science et de tout crédit.

A ce sujet, il serait illusoire de prétendre, avec quelques économistes non suffisamment éclairés sur les vraies ressources du sol colonial, que d'autres cultures peuvent être avantageusement substituées à celle de la canne à sucre. Le cacao, le coton, le girofle, le café, la soie sont d'heureux accessoires, et méritent certainement d'occuper les petits habitans auxquels la grande exploitation du sucre n'est pas permise. Mais ces cultures diverses, si délicates d'ailleurs et si variables dans leurs produits, ne conviennent pas à tous les terrains et ne sauraient suffire à l'occupation de tous les bras. La canne, au contraire, est, sous les tropiques, ce qu'est le blé dans quelques pays privilégiés : elle pousse partout, elle se reproduit à l'infini, elle peut, dans des circonstances données, couvrir le sol entier de nos possessions d'outre-mer ; elle est enfin le principal aliment de notre marine marchande, qui a besoin, pour prospérer, non pas de transporter de précieuses denrées, mais de transporter beaucoup. Ainsi, mais sans vouloir rien exclure toutefois, il faut considérer nos quatre grandes colonies françaises comme des contrées essentiellement sucrières, et être bien convaincu que, en dehors de la production du sucre, elles ne sauraient exister.

Ainsi encore, la déplorable situation où elles sont si gravement compromises ne peut pas durer. Pour qu'elle cesse, de sérieux devoirs sont imposés simultanément et à la métropole et aux colonies.

La métropole, à moins qu'elle n'ait l'intention de tuer ses possessions d'outre-mer, *indirectement*, par le maintien d'un privilège injuste, avant même d'en attaquer, *directement*, la constitution par une loi sociale, la métropole doit nécessairement adopter l'un de ces deux systèmes : *le rachat de la betterave*, ou *l'égalité des droits*. Cette mesure est urgente et ne souffre pas de délai : attendre, ce serait risquer de ne plus rendre justice qu'à un cadavre.

Les colonies, de leur côté, ne peuvent ni ne doivent demeurer plus longtemps dans l'ornière industrielle où elles sont embourbées depuis deux cents ans. Le moment est venu pour elles de vivre dans leur siècle, de se mettre au pas de la civilisation continentale, et d'exposer au jour toutes les richesses qui germent dans leur sein et que, par je ne sais quel caprice, elles ont superbement dédaignées jusqu'à ce jour.

Dans le cas du *rachat de la betterave*, c'est donc un devoir d'indemniser la métropole par une grande augmentation de produits.

Dans le cas de l'*égalité des droits*, il y a donc nécessité de produire plus encore, afin d'éteindre à tout jamais une concurrence opiniâtre, qui ne cédera qu'à la force et vendra cher sa vie.

Or, lorsque la confiance sera ramenée par une mesure énergique dans l'esprit des colons découragés et dans celui du commerce maritime justement effrayé, le progrès sera possible, sera facile même. L'industrie passera les mers hardiment; elle entrera d'un pied ferme dans ces riches et splendides contrées dont les trésors sont à peine connus; elle fera pour la canne à sucre ce qu'elle a fait pour la betterave; elle appliquera à l'une tous les merveilleux procédés de culture et de fabrication que depuis dix ans elle a inventés au profit exclusif de l'autre; elle égalisera les forces et les armes; et alors le débat aura lieu tout entier, non plus entre les représentans des deux intérêts opposés, dont les uns sont faibles et les autres puissans, mais entre les

élémens mêmes sur lesquels ils travaillent concur-
remment, entre deux plantes. La nature décidera,
elle que n'influencent ni les hommes ni les passions,
et nous souscrivons d'avance à son arrêt sans mur-
murer. Que les fabricans indigènes acceptent comme
nous cette justice impartiale.

Notre but est donc, en publiant cette brochure,
de traiter largement et d'une manière spéciale toutes les questions industrielles relatives aux colonies.
Mais, comme tout se lie et s'enchaîne, et que, de
tous les agens qui font le monde ce qu'il est et mo-
difient incessamment sa forme ou sa tendance, l'industrie est le plus puissant à l'œuvre, nous essaierons d'étendre notre discussion au-delà d'un cercle
restreint de chaudières et de machines, de nous
élever à des idées d'un ordre général et d'arriver,
par des considérations industrielles, à des considérations de haute politique.

En effet, les bénéfices de notre propagande manufacturière ne peuvent pas se borner simplement
à sauver la canne à sucre de la betterave, à restaurer quelques fortunes particulières délabrées, à retirer de la tombe les capitaux du commerce qui y
sont enfouis : ils rejaillissent, dans une bien autre
proportion, sur le système colonial entier, et, par
eux, l'importance des colonies pour la métropole est

tellement acccrue que la question politique en est gravement modifiée et se prépare elle-même à une solution plus heureuse.

Voici comment. A une époque où les affections se pèsent dans la balance des intérêts et où il n'y a guère que des amitiés d'argent, les nations ressemblent aux individus, elles s'allient entre elles par spéculation, et une métropole, par exemple, tient à ses colonies juste en raison des avantages que ses colonies lui rapportent. Ainsi la France, en dehors de quelques raisons d'état assez mal assises, n'a et ne peut avoir pour Bourbon, pour la Guadeloupe, la Martinique et Cayenne, qu'un attachement proportionné à 80,000,000 kilogrammes de sucre, versant annuellement dans la caisse de son trésor 40,000,000 de francs, et entretenant 500 navires dans ses ports de mer.

Cela est déjà beaucoup, si l'on songe que ces 500 navires occupés à la navigation transatlantique forment les *deux tiers de notre marine marchande.* A ce compte, et si réellement la question coloniale n'est qu'une question maritime, les colonies, telles qu'elles sont, ont une notable valeur et méritent d'être conservées.

Mais s'il peut surgir du chaos actuel telles circonstances, inattendues et merveilleuses,

Qui, en peu d'années, et progressivement, portent la fabrication du sucre colonial à plus de 300,000,000 kil.;

Qui élèvent les recettes de la douane à 150,000,000 fr.;

Qui accroissent notre faible marine marchande de 1,500 navires, c'est-à-dire, en triplent l'importance totale et la mettent, par toutes les mers, sur un pied respectable et respecté désormais ;

Alors, n'est-il pas permis de penser que les colonies françaises deviennent pour la France une source inépuisable de richesses et de grandeur, que les intérêts nationaux les plus chers établissent entre elles et la métropole des liens indissolublés, et que jamais, quelle que soit la transformation de leur avenir social, jamais une loi ne sera rendue qui, de gaîté de cœur, les anéantisse?

Eh bien ! toutes ces grandes choses, l'industrie peut les faire. Que, confiante dans le gouvernement qui lui doit aide et protection, elle aborde enfin ces beaux pays où elle n'a point encore laissé son empreinte féconde, et il sera donné de voir un nouveau système de travail changer les destinées de tout un peuple, comme une machine à vapeur a bien pu changer la face du monde.....

QUESTION COLONIALE

sous

LE RAPPORT INDUSTRIEL.

I

NOTIONS GÉNÉRALES.

Constater l'état actuel de l'industrie sucrière dans les colonies françaises ;

Rechercher l'importance des améliorations partielles introduites sur quelques sucreries ;

Démontrer comment un ensemble complet de perfectionnemens est inapplicable sur chaque habitation prise en particulier ;

Conclure que le progrès n'est possible qu'à la condition de la *séparation absolue de l'agriculture et de l'industrie* et de la *centralisation industrielle* ;

Développer les moyens d'application et les avantages de ce double système ;

Traiter de la *dessiccation de la canne*, comme mode manufacturier ;

Exposer les autres modes connus qui, à défaut des procédés de la *dessiccation* encore en enfance, doivent remplacer le mode barbare de la fabrication actuelle ;

Déduire toutes les conséquences commerciales, maritimes, législatives, politiques et sociales qu'une révolution industrielle, dirigée dans ce sens, doit amener à sa
suite comme un gage d'avenir et de prospérité ;

Telle est la division simple et logique de ce travail.

Mais, avant d'aller plus loin, il est bon de poser, une
fois pour toutes, quelques notions générales destinées à
ceux qui sont tout-à-fait étrangers à la nature de la betterave et de la canne, et à la fabrication du sucre.

M. Pelligot, dans les mémoires intéressans qu'il a pré-
sentés à l'Académie des sciences, a fourni, sur le sucre
renfermé dans la canne et sur la manière de le traiter, des
indications et des chiffres reconnus depuis parfaitement
justes par de nombreuses expériences (1).

---

(1) Aux expériences nombreuses dues à M. Pelligot, nous ajouterons
celles que M. Osmin Hervy, ce malheureux jeune homme funeste-
ment enlevé à la science et aux colonies dont il avait chaudement
épousé les intérêts, a faites sur des cannes venues des Antilles, et sur des
cannes venues en France soit en serre chaude, soit en pleine terre à
Bordeaux.

« Le sucre, dit-il, existe à l'état cristallisable dans les nœuds supé-
rieurs de la canne, c'est-à-dire au commencement de la végétation, de
même que dans les nœuds inférieurs qui ont plusieurs années. Il paraît
bien évident, selon nous, que le sucre cristallisable n'est pas un produit
secondaire, mais bien un produit primitif d'élaboration sécrété à l'état
de sucre cristallisable au moment de la formation des vaisseaux qui le
renferment. Il paraît même certain, ainsi que nous essaierons de le prouver, qu'il y reste à l'état de sucre cristallisable jusqu'au moment de la
floraison et de la fructification de la canne.

» Les idées que nous venons d'émettre sur l'absence du sucre liquide
dans la canne à sucre ont pour base les expériences suivantes :

» Des cannes à sucre coupées en rouelles très minces ont été desséc-

La canne à sucre, à maturité et coupée dans la saison favorable, contient, *en moyenne*, 18 p. o/o de sucre, 72 p. o/o d'eau, et 10 p. o/o de ligneux.

---

chées les unes dans le vide, les autres dans un air sec à 60° centigrades de température; en 15 minutes une dessiccation complète s'opérait sans altérer le sucre. Ces rouelles desséchées ont été pulverisées de suite (la canne est, du reste, très peu hygrométrique). De la poudre de canne provenant de la partie inférieure de la canne a été traitée par de l'alcool froid à 95° qui a dissous 37/100 d'une matière *déliquescente;* l'éther isolait de cette matière 8/1000 de cire; le résidu était une substance déliquescente, soluble dans l'eau, nullement sucrée ni salée, qui ne laissait pas de cendres à l'incinération. A ce traitement par l'alcool froid, renouvelé trois fois, nous avons fait succéder les traitemens par l'alcool bouillant. Après sa réaction sur la poudre de canne, l'alcool, par un refroidissement lent, a laissé déposer des cristaux de sucre parfaitement blancs et transparens. Le liquide n'a donné ensuite par son évaporation aucune trace de sucre incristallisable.

» La même expérience a été répétée avec de la poudre de canne provenant du sommet de la canne; traitée par l'alcool froid, elle n'a point donné de sucre liquide, mais une dissolution d'une quantité de matière déliquescente sensiblement la même que celle obtenue du traitement de la partie inférieure; par l'alcool bouillant on n'a obtenu rien autre chose que du sucre cristallisable.

» Cette expérience, que nous regardons comme capitale puisqu'elle nous permet d'épuiser la canne de son sucre et de l'obtenir de suite en petits cristaux blancs, a été appliquée à plus de dix échantillons pris dans toutes les parties de la canne à sucre. Si les expériences que nous venons de rapporter sur la canne à sucre desséchée ne nous ont jamais donné de traces de sucre liquide (mélasse), il n'en a pas été de même lorsque nous avons traité la canne à sucre fraîche ou son jus par de l'alcool.

» Dans 100 grammes de jus de canne d'une densité de 108 (12° Baumé), produit par expression, nous avons versé 50 grammes d'alcool à 95°, qui a fait naître un précipité floconneux, qu'on a isolé à l'aide d'un tissu très fin. La liqueur alcoolique sucrée a été placée sous une grande cloche contenant de la chaux vive; au bout de 15 jours toute l'eau et une grande partie de l'alcool avaient disparu ; le sucre s'était déposé sur les parois de la capsule en mamelons blanchâtres, durs et cassans; il pesait 16 gr., 8. L'alcool restant, décanté et évaporé, a laissé 2 gr., 2 d'une matière sucrée, salée, déliquescente; l'éther en isolait une très petite quantité de

Le sucre contenu dans la canne y est entièrement à l'état cristallisable.

Le sucre incristallisable, ou *sucre liquide*, ou encore *sucre de raisin*, ou vulgairement *mélasse*, est un produit de la manipulation.

Les matières étrangères, en suspens dans le jus de la canne, sont si minimes qu'il est inutile, si non impossible d'en déterminer le poids par l'analyse.

Le jus de la canne, pur et limpide après quelque temps de reposition, donne donc, traité *chimiquement*, un sucre blanc et bien cristallisé.

Pratiquement, quelque parfaits que soient les appareils employés, il donnera une certaine quantité de *sucre li-quide*, lequel, recuit sans délai et de nouveau jusqu'à épuisement, devrait ne figurer au plus que dans une proportion de 15 à 20 p. o/° relativement au poids total de la cuite (1).

---

cire ; le reste, très soluble dans l'eau, refusait obstinément de cristalliser et de céder aux menstrues le sucre qu'il retenait.

» Le traitement direct des cannes fraîches par l'alcool, l'évaporation dans le vide du jus brut de la canne nous ont donné le même résultat ; jamais cristallisation complète, toujours un résidu de matière sucrée salée, dont le poids correspondait à la quantité de sels solubles contenus dans les cannes que nous analysions.

» Nous croyons donc pouvoir déclarer : 1° qu'il n'y a pas *de sucre incristallisable* préexistant dans la canne à sucre ; 2° que les sels réagissent sur le sucre cristallisable, de manière à produire la mélasse ; que leur action n'a pas lieu pendant la végétation, mais bien par suite des manipulations ; il n'en saurait être autrement, attendu que dans l'acte vital de la végétation, les matériaux divers sont élaborés dans une indépendance complète les uns des autres.»

(1) « Les sucs sucrés renferment toujours des quantités plus ou moins

Sensible au contact de l'oxigène et à la température de l'air ambiant, le jus de la canne est prompt à subir les effets pernicieux d'un principe fermentescible qui se développe avec rapidité, et, au bout d'un certain temps, le vicie à tel point que non seulement la cristallisation ne peut plus avoir lieu, mais que le principe sucré lui-même disparaît.

Si, au contraire, on le soumet instantanément, après qu'il est exprimé, à une température moyenne de 80° centigrades, le principe fermentescible est annihilé.

Pour le jus de la canne, comme pour celui de la betterave, plus l'évaporation et la cuisson sont rapides, plus

---

grandes de sels, et l'on sait que le sel marin se combine avec le sucre de canne, donne naissance à un composé déliquescent qui renferme 6 parties de sucre pour une partie de sel marin, et qui reste dans l'eau-mère à l'état de sirop incristallisable. Mais le chlorure de sodium n'est pas le seul sel qui puisse se combiner au sucre, et exercer sa funeste influence sur la cristallisation ; nous avons observé qu'un grand nombre de sels s'opposaient souvent à la cristallisation d'un sirop de cuite. Les sels halogènes se placent au premier rang, les carbonates de potasse et de soude réagissent même sur le sucre à la température de la cuite et rendent les sirops très colorés et presque incristallisables.

» Les eaux-mères des jus des cannes à sucre et des betteraves à sucre pourront donc donner de *la mélasse* sans que ces plantes en renferment pendant la végétation.

» Remarquons maintenant qu'une liqueur ne cristallise jamais sans laisser une eau-mère représentant une solution à son point de saturation, et nous expliquerons pourquoi M. Avequin a obtenu tant de mélasse, c'est-à-dire l'eau-mère du sucre cristallisé, tandis que M. Plagne, en faisant cristalliser 4 à 5 fois les eaux-mères, est arrivé à obtenir une cristallisation presque complète, *circonstance qui est également inhérente au mode d'exploitation des colonies.*

» Un fait pratique vient à l'appui de ce que nous avançons : l'on embelle est la qualité du sucre obtenu, et plus grande la quantité, l'une étant solidaire de l'autre.

Plus, par conséquent, la manipulation est lente, moins avantageux sont les produits.

Quant à l'égoût des sirops, la nuance du sucre obtenu et la richesse des recuites sont en raison de sa promptitude, tandis qu'un égoût retardé met obstacle à une bonne cristallisation, la détruit en partie, et détériore les produits secondaires plus difficiles à travailler.

D'après ce qui précède, et pour tout homme initié aux choses manufacturières, rien de plus simple, en apparence, que la fabrication du sucre de cannes, puisque rien n'est plus pur et plus beau que la richesse saccharine de la canne elle-même.

---

ploie à la préparation du sucre royal de très beau sucre terré ; le sirop que l'on porte à la cuite dans le vide est parfaitement incolore et peut être considéré comme une dissolution de sucre presque pur. L'on n'obtient pourtant à la première cristallisation que 50 p. $^o/_o$ en sucre cristallisé, et l'on ne peut en retirer davantage sans caraméliser une portion de sucre; ce qui dépend, comme l'a observé M. Dubrunfaut, de ce qu'une partie d'eau à l'ébullition ne peut dissoudre plus de 5 parties de sucre, qu'elle en abandonne trois seulement par le refroidissement, tandis qu'une partie d'eau froide dissout deux parties de sucre; c'est cette dissolution qui constitue l'eau-mère (sirop d'égoût).

» Le refroidissement d'une dissolution de sucre saturée à chaud laisse donc une eau-mère que l'on désigne parfois sous le nom de mélasse, et qui se trouve formée en réalité de deux parties de sucre et d'une partie d'eau; mais du reste l'on n'ignore pas que ces mélasses sont loin d'être du sucre liquide ou incristallisable; nous n'avons même signalé ce fait qu'afin d'expliquer pourquoi les créoles, qui ne *recuisent pas* ou du moins bien rarement leurs sirops d'égoût, portent si haut le chiffre de leurs mélasses. » (OSMIN HERVY.)

La betterave est , à peu près , tout l'opposé de la canne , quoique donnant des produits similaires.

Elle ne possède guère , *en moyenne*, que 9 p. o/o de sucre, et les matières étrangères qu'elle contient sont en si grande abondance et de nature si nuisible qu'on est porté à croire que la mélasse y préexiste (1).

Enfin l'agglomération et le principe pernicieux de ces matières diverses rend la fabrication du sucre extrêmement difficile, et entraîne une manipulation longue et coûteuse, un travail compliqué de *filtrations*, de *terrages*, d'*étuves*, etc., etc., qui n'aboutit en définitive qu'à un produit *brut* et de nuance ordinaire.

Comment donc advient-il que , de ces deux plantes, dont l'une s'est faite sucre sur les épaules de la première négresse qui en a exprimé le jus, et dont l'autre a coulé , pendant plus de vingt ans, en sirop incristallisable, dont l'une est d'un travail prompt, facile, certain, et dont l'autre exige les ressources de l'art le plus perfectionné, comment advient-il que, de ces deux plantes si diversement dotées par la nature, l'une meure vaincue par l'autre, et que celle-là soit la canne à sucre ?—Une esquisse de la fabrication coloniale expliquera l'énigme.

---

(1) « La betterave fournit une quantité d'albumine qui atteint souvent 3 p. °/o, des matières colorantes et grasses, des substances azotées, des sels neutres, des huiles essentielles qui communiquent le goût et l'odeur fétides qu'on remarque dans ses produits bruts ; il n'est pas rare qu'on y trouve jusqu'à 1, 5 p. °/o de sel de nitre, qui exerce une influence des plus fâcheuses sur le rendement en sucre de cette racine. » (J. MOLESSIER.)

II

DE LA FABRICATION ACTUELLE DU SUCRE DANS LES COLONIES FRANÇAISES.

Il y a environ deux siècles qu'on fait du sucre dans les colonies et qu'on le fait de la même manière. En industrie, cela veut dire que, quand même on l'eût fabriqué passablement il y a deux siècles, on doit le fabriquer fort mal aujourd'hui.

Même système, mêmes appareils, même ignorance des vrais principes de la fabrication.

Nous ne connaissons ni Bourbon, ni Cayenne, et notre statistique et nos réflexions sont basées uniquement sur les Antilles. Pourtant nous savons de bonne source que Cayenne est bien plus arriéré encore, et nous avons lieu de croire que, malgré les perfectionnemens introduits à Bourbon, les résultats définitifs y sont à peu près les mêmes, et que, tout aussi bien qu'aux Antilles, le système général auquel nous voulons aboutir y est applicable, utile et même nécessaire. L'exemple récemment fourni par M. Vincent en est la meilleure preuve. Pour

2

ne pas scinder constamment et nos chiffres et nos inductions, nous considérerons donc sous le même point de vue les quatre colonies à sucre que possède la France, laissant à ceux qui sont entourés de documens spéciaux et plus positifs le soin de rétablir pour eux-mêmes les différences que nous aurions omises.

Apportée à pied d'œuvre, à dos de mulets ou dans des cabrouets, la canne est envoyée entre des cylindres en fonte faisant l'office de *laminoirs*, et en ressort écrasée, après avoir laissé couler dans un plateau inférieur une partie de son jus.

Ces cylindres, de deux pieds de haut environ, sont au nombre de trois, de manière que deux pressions ont lieu à deux degrés de force différens.

Ils sont posés verticalement.

Cette position même les rend imparfaits, parce que, au lieu d'être réparties également sur toute la hauteur, les cannes sont presque toujours engagées en bloc à la partie inférieure, et passent, ici les unes sur les autres, produisant à cet endroit un grand effort sur le jeu des cylindres, là une à une, au-dessus ou au-dessous, ne subissant alors qu'une très-faible pression. En outre, une partie seulement de la surface est utilisée et l'opération marche lentement.

Mais le vice capital de ces *moulins* est dans la petite quantité de jus qu'ils expriment, relativement au poids des cannes. Quelques expériences faites l'année dernière à la Guadeloupe par M. Dupuy, pharmacien en chef de l'hôpital de la Basse-Terre, sur de grandes habitation qu'on dit bien installées, ont constaté une moyenne de 56 % seulement. Ayant été à même de contrôler ce chiffre sur de petites habitations moins bien outillées (et le nombre en est considérable), nous sommes resté convaincu que la moyenne n'est en réalité que de 50 % (1). Sur les 9/10es de *vesou* que pourrait fournir la canne, 5/10es seulement sont donc obtenus, et 4/10es restent dans la partie ligneuse qu'on appelle vulgairement *bagasse*.

Cette perte énorme a deux causes principales :

La première est, comme nous venons de le dire, dans la mauvaise disposition et la construction presque toujours défectueuse des moulins;

---

(1) Notre conviction est entière pour ce qui concerne la Guadeloupe. Un article, inséré par M. Guignot dans les *Annales d'agriculture de la Martinique*, porte le rendement dans cette île à un chiffre beaucoup plus élevé. M. Guignot cite trois expériences : en vérité, cela est trop peu pour fixer une *moyenne* exacte, et son opinion ne peut servir de règle. Quand il s'agit de chiffres qui doivent déterminer un plan de conduite pour l'avenir, on ne saurait être trop scrupuleux. Nous regrettons ainsi que M. Guignot se soit, à trois reprises différentes, donné la peine de dresser un échafaudage monstrueux de calculs, pour prouver que la *dessiccation de la canne à sucre* était une folie. C'est pourtant devenu un fait, non pas, grâce au ciel, avec les procédés incroyables *supposés* par M. Guignot, mais avec d'autres probablement meilleurs. Nous regrettons surtout qu'il ait constamment employé son talent de discussion à persuader aux colons de la Martinique qu'ils travaillent bien, aussi bien que possible, et qu'ils n'ont que peu ou point à progresser. C'est les encourager perfidement dans une funeste apathie, et pousser l'amour-propre colonial jusqu'à un excès dangereux. En résumé, la *Martinique*, d'après les renseignemens que je me suis procurés, est, quant au rendement *moyen* en vesou, dans les mêmes conditions que la *Guadeloupe*. *Bourbon* fait mieux. *Cayenne* varie de 36 à 40 p. %.

La seconde est dans l'insuffisance ou le mauvais emploi des forces motrices destinées à leur communiquer l'impulsion.

Les moteurs généralement en usage aux colonies sont des *moulins à vent*, des *chutes d'eau*, des *manéges*.

Le premier, si irrégulier par lui-même, et appliqué à un travail qui exige une régularité constante, est le pire de tous. Tantôt la brise est faible, et toute une usine reste ouverte, avec son personnel inoccupé, pour ne fabriquer, en définitive, que 5 à 700 kilos de sucre dans un jour. Tantôt la brise est violente, on a peine à suffire à la consommation des cylindres, le jus abonde et déborde de tous côtés; et, tandis que l'habitant se réjouit de cette bonne fortune, il oublie que ses cannes ont été d'autant moins pressées que le moulin a marché plus vite, et qu'il vient de perdre peut-être 10 % de plus que d'habitude.

Les chutes d'eau sont, pour la plupart, insuffisantes par elles-mêmes, et celles qui ont la hauteur et le volume voulus sont, comme les autres, si mal dirigées qu'elles ne produisent guère un effet meilleur. Le principe des roues hydrauliques est complètement méconnu dans les colonies. Quoique l'eau agisse par son *poids*, il n'y a pas une usine où on ne veuille la faire agir par *choc*. Il arrive de là que, quand l'eau est rare, on diminue encore son effet utile, et que, lorsque les pluies ont fortement grossi son cours, elle dépasse quelquefois la *tangente* même de la roue, et la laisse parfaitement immobile. J'ai vu ce cas.

Les manéges pèchent aussi par le manque de force. On n'y attelle guère plus de 5 à 6 mulets; c'est la moitié de ce qu'on devrait y mettre.

Du plateau inférieur où il tombe, en une si déplorable proportion, le *vesou*, recueilli dans une gouttière en bois ou en plomb et exposé à l'air libre, parcourt quelquefois une longue distance avant d'arriver à la sucrerie. Il y est reçu dans de grands bacs, en plomb ou en bois également, et là il attend que les appareils d'évaporation et de cuite, nommés *équipage*, soient prêts à le manufacturer. Il attend ainsi longtemps, une heure au moins, souvent deux et trois heures, pendant lesquelles il fermente, s'aigrit, se vicie de toutes manières, et ne donne plus en résultat que des produits plus ou moins inférieurs, en raison du temps qu'il est resté exposé au contact de l'oxigène de l'air et à l'influence de la température moyenne.

Le *vesou*, quand peu à peu les chaudières de l'équipage se sont vidées, y est enfin transvasé. Ces chaudières sont ordinairement au nombre de 4, de forme demi-sphérique, en fonte de fer et très profondes. La première s'appelle *Grande*, et est en effet d'une capacité supérieure à celle des autres. Dans la *Grande* s'opère un enivrage à la chaux, qu'on voudrait vainement regarder comme une défécation. Quelquefois, par une bonne mesure de prudence, l'enivrage a lieu à froid dans les bacs. De la *Grande*, se concentrant successivement, le *vesou* est porté par des cuillers en bois dans la *Propre*, de la *Propre* dans le *Flambeau*, du *Flambeau* dans la *Batterie*. La *Batterie* est, à proprement parler, la chaudière de cuite. Du moment où le *vesou* a été exprimé jusqu'au moment où il y arrive, il s'est écoulé environ de 6 à 7 heures. Ce laps de temps énorme accuse à lui seul l'imperfection de tout le système. Pour y mettre le comble, c'est encore avec des cuillers qu'il faut, peu à peu et lentement, retirer le sirop cuit, de telle manière qu'à mesure qu'elle diminue, la couche de liquide se concentre davantage et au-delà des bornes, se caramélise infailliblement et va colorer la masse entière.

Le produit de chaque Batterie est déposé dans des bacs en bois, et trois ou quatre *cuites* sont, à d'assez longs intervalles, superposées les unes aux autres, contrariant ainsi leur refroidissement et leur cristallisation réciproques, jusqu'au lendemain, où le sucre est enformé dans les boucauts. Les boucauts sont rangés, dans la *purgerie*, sur un plancher, où s'écoule le sirop d'égoût, entraînant dans un réservoir commun toutes les saletés qu'il rencontre dans son parcours. Propre ou sale, ce sirop est jugé toujours assez bon pour les bestiaux, pour la rumerie, ou pour les Américains qui en exportent l'excédant.

Et pourtant, dans quelle proportion se trouve-t-il relativement au poids de la *cuite*, relativement surtout à la quantité de sucre vendue en France, puisque, chez les raffineurs eux-mêmes, les boucauts foncés depuis quatre et cinq mois en laissent échapper encore? Il y a ici dissidence sur les chiffres, parce qu'une vérification exacte est difficile. Plusieurs habitans notables de la Guadeloupe nous ont accusé 40 p. %; plusieurs de la Martinique nous ont assuré 50 p. %, et nous les croyons (1). Nous nous basons en effet sur la *moyenne de toutes les sucreries*, et l'on ne sait pas jusqu'à quel point de négligence et d'abandon quelques-unes sont descendues.

Si, à toutes les causes de perte et de déchets énumérées plus haut, nous ajoutons les distributions de vesou faites gratuitement aux nègres pendant tout le temps de la récolte et les vols de sucre commis par eux, il demeurera bien démontré, pour nous et pour tous ceux qui se seront livrés aux mêmes recherches que nous :

1° Que, sur les 18 p. % de sucre que contient la canne, 8 p. % restent dans la *bagasse, à l'état de vesou non exprimé;*

2° Que, sur les 10 p. % exprimés sous forme de *vesou*, 5 p. % restent dans les purgeries des habitations, dans les magasins des ports d'embarquement, dans les navires, dans les entrepôts des ports de France, un peu partout, *à l'état de mélasse ;*

3° Enfin, que les colons retirent au plus 5 p. %, en produit net, des 18 p. % que devrait leur fournir la canne.

Ce chiffre effrayant paraîtra peut-être suspect à quelques habitans, plus soigneux et plus habiles, qui sont déjà entrés dans la voie du progrès. Mais nous avons en vue

---

(1) A Bourbon, où l'on *terre* tout le sucre, la proportion est de 60 p. %.

l'intérêt général, et nous ne pouvons nous servir que de termes de comparaison généraux. Nos chiffres représentent donc, nous ne saurions trop le répéter, *la moyenne des installations de sucrerie , la moyenne des qualités des cannes, la moyenne des époques où elles sont coupées et travaillées.* Sans doute il est fort heureux pour tel ou tel habitant que ses produits s'élèvent, au lieu de 5, à 6 et 7 p. o/°; mais ce n'en est pas moins un fait, et un fait douloureux et fatal pour la masse, que la moyenne de la production soit limitée à 5 (1).

Que si maintenant nous interrogeons la fabrique indigène, nous sommes obligé de reconnaître qu'elle est parvenue à conquérir de la betterave un rendement égal, sinon supérieur à celui de la canne. D'UNE PART, 5 DE 18; DE L'AUTRE, 5 DE 9!... Là est le secret de cette terrible concurrence qui menace de ruine ceux-là mêmes qui ne devraient pas la redouter.

Toutefois, nous l'avons dit, quelques efforts ont été tentés en vue du progrès : il importe d'en apprécier la nature et la valeur.

---

(1) Quelques colonies étrangères ne sont pas mieux traitées à cet égard que les colonies françaises. Porto-Rico et Cuba ne dépassent pas 4 p. °/₀ ; et la Louisiane elle-même, où, il est vrai, les cannes toujours moins mûres sont moins riches, obtient avec peine 3 p. °/o. Ce n'est pas là une excuse. Il ne faut pas regarder plus bas que soi; toujours plus haut !

III

DES AMÉLIORATIONS PARTIELLES INTRODUITES SUR QUELQUES SUCRERIES.

Les améliorations essayées depuis quelque temps, aux Antilles notamment, ont porté sur les *moteurs*, les *moulins à cannes*, la *défécation du vesou*, et la *cuite des sirops*.

Dans certaines localités très rares où l'eau manquait, où la brise était toujours faible, on a substitué des *machines à vapeur* aux roues hydrauliques et aux moulins à vent. Mais, pour peu qu'il eût été possible de marcher tant bien que mal avec les moteurs ordinaires, ce changement n'aurait pas eu lieu. En effet, on a communément le tort de penser qu'une petite force suffit pour mettre en jeu les cylindres d'un moulin à cannes, et les machines à vapeur nouvellement installées sont elles-mêmes d'une force insuffisante. Elles ne dépassent pas six ou sept chevaux effectifs : nous les voudrions de 10 à 12. A la Nouvelle-Orléans, où les moulins sont, il est vrai, de deux pieds plus longs que ceux des colonies françaises, les machines ont une puissance de vingt chevaux au moins.

L'importance des *moulins horizontaux* a été mieux sentie que celle des machines à vapeur. Chaque année, le nombre s'en accroît. A la Guadeloupe, on en compte une vingtaine : c'est peu pour 550 sucreries, c'est assez pour servir d'exemple. — La construction de ces moulins, toutefois, laisse encore à désirer. Ils ne donnent pas, *en moyenne*, au-delà de 60 p. % de jus, au lieu de 70 et 75 p. % auxquels on devrait pousser leur degré d'expression. Il y en a peu, en outre, qui soient avec leur moteur dans de bonnes relations de vîtesse ; généralement, et moulins horizontaux et moulins verticaux ont un mouvement trop accéléré, tandis que l'effet utile de la pression est en raison de sa lenteur. Tel qu'il est pourtant, le moulin horizontal est un progrès réel, puisqu'il peut, dans le même temps, fournir le double et le triple du jus habituellement exprimé par les anciens cylindres, et que la bagasse en sort mieux épuisée. Et puis, les perfectionnemens viendront en leur temps, il faut l'espérer. Nous avons déjà vu avec plaisir MM. Mazeline frères, habiles constructeurs du Hâvre, consacrer leurs études et leurs soins à cette spécialité. Ils ont tout récemment inventé un moulin portant avec lui sa machine à vapeur, qui nous a semblé réunir de bonnes conditions de simplicité et de force.

Grâce aux savans mémoires publiés par M. Pelligot, la nécessité d'une prompte *défécation* et d'une *cuite*

exempte de caramélisation a été démontrée à tous les colons. Aussi, depuis deux ans, a-t-on vu se monter çà et là
quelques défécateurs, chauffés par un feu particulier, et
portant immédiatement le vesou à une haute température.
Aussi quelques chaudières de cuite en *cuivre* et à *clapets*,
quelques *Bascules*, quelques *Jumelles* (de l'invention de
M. Vernaut) ont-elles remplacé l'ancienne *Batterie en
potin*.

Là se sont bornées les améliorations partielles introduites sur quelques sucreries. Elles ont leur bon côté et
méritent d'universels encouragemens, quoiqu'on ait peu
fait pour l'*augmentation du rendement en vesou*, rien fait
pour *la promptitude des évaporations, rien pour la promptitude des égoûts et la recuite des mélasses*. S'il était permis de
chiffrer les avantages qu'elles ont procurés, je les estime-
rais au plus à un accroissement de produits nets de 1 ou
2 p. %, selon qu'un habitant les a adoptées toutes ou en
partie. C'est déjà beaucoup assurément, et il serait fort
désirable que tous les colons pussent, par les mêmes
moyens, s'enrichir de ce surplus qui représente presque un tiers de leurs revenus habituels.

Malheureusement ici commence déjà la série des im-
possibilités.

Les appareils cités plus haut n'ont rien qui exige des
connaissances particulières, ou nécessite le concours d'in-
génieurs ou d'ouvriers étrangers. Sous ce rapport, ils
sont convenablement appropriés aux colonies, où la théorie et la pratique industrielles sont en enfance, et où les

ateliers de construction sont abandonnés aux mains paresseuses de nègres maladroits. Mais ces appareils coûtent cher. Une machine à vapeur tout installée vaut 12,000 fr.; un moulin horizontal, 15,000; les défécateurs et les jumelles de M. Vernaut de 10 à 12,000 fr., etc., etc... Eh bien! puisqu'il faut tôt ou tard ouvrir et mettre à nu la plaie toujours saignante des colons, il n'y en a pas 10 sur 100 qui soient en mesure de faire la plus petite de ces dépenses, et il n'y en a pas 5 sur 100 qui puissent la faire tout entière.

A propos de la plus légère modification, de la réparation la plus urgente, nous voici donc arrêtés par un obstacle insurmontable, par une raison qui absorbe toutes les autres, le *manque d'argent*, le déplorable état d'oberration où est tombé le plus grand nombre des propriétés coloniales. Je ne recherche point ici la cause, volontaire ou forcée, de cette misère générale; je la constate. Les trois quarts des habitans sont endettés pour des sommes équivalant à la moitié, quelquefois à la totalité de la valeur mobilière et immobilière qu'ils conservent entre leurs mains, et l'inquiète agitation où la grande question coloniale maintient les esprits a resserré de plus en plus, a fermé tout-à-fait les crédits commerciaux.

Quelques-uns, plus riches, opérant sur une plus vaste échelle, pourront bien entrer dans cette voie des améliorations, et trouver encore de quoi couvrir une défense bien placée et productive dans l'avenir. Mais la masse, la masse qui doit trop, la masse qui, en moyenne, ne fabrique que 75,000 kilos de sucre (1), c'est-à-dire à peu près de quoi payer ses frais d'entretien généraux et personnels, et qui, déjà, ne voit pas jour à se liquider...., que voulez-vous qu'elle devienne ?

Je vais plus loin maintenant. Je veux, pour un instant, que tous les colons soient liquides et à même d'appliquer du jour au lendemain les quelques améliorations bien simples que j'ai signalées. Ce ne sera, dans le fait, qu'une dépense de plus, un capital de moins, pour arriver toujours au même triste résultat. Je m'explique.

Au point où en est arrivée la betterave en dix ans, il faut s'attendre à de nouveaux progrès. De 1 p. % de rendement, elle s'est élevée promptement à 5; elle montera encore. Confiée à de riches capitalistes ou à de grands propriétaires, elle usera et abusera de toutes les ressources que lui offrent et l'argent et la science, et atteindra progressivement 6 et 7 p. %, mieux que cela peut-être.... M. Mathieu de Dombasle n'annonce-t-il pas 9 et 10, c'est-à-dire, en vérité, presque plus que le possible? Où seraient alors les bénéfices de ces améliorations partielles dont la fabrique coloniale se serait grevée ? Elle se serait grossie au plus du même chiffre que la fabrique indigène, et se retrouvant vis-à-vis d'elle dans

---

(1) C'est la moyenne exacte de la fabrication annuelle des sucreries établies à la Guadeloupe et à la Martinique, aussi, je crois. L'échelle varie de 20,000 à 250,000 kilos.

une position analogue, elle ne serait pas plus viable qu'auparavant.

Je n'ai donc pas confiance, quant à moi, dans ce système de progrès, imparfait et bâtard, qui ente, tant bien que mal, quelques greffes de bonne souche sur un arbre pourri. Ce qui existe est complètement vicieux, vicieux dans le fond, vicieux dans les moindres détails; le meilleur replâtrage n'en peut tirer rien de satisfaisant. Car il ne s'agit plus de gagner un peu plus ou un peu moins, mais de ne pas tout perdre; de se faire plus riche pour jouir davantage, mais de s'assurer du pain. Il faut donc prendre une bonne fois en mains cette magnifique plante, dont les trésors, depuis deux siècles, ont été aux trois quarts gaspillés : il faut apprendre d'elle toute la richesse qu'elle contient; il faut demander, non pas à la routine ou aux velléités industrielles coloniales, mais bien à l'industrie métropolitaine, comment cette richesse peut être acquise *tout entière*.

Il arrivera alors que, depuis dix ans, la betterave aura travaillé dans l'intérêt de la canne à sucre ; que, depuis dix ans, elle aura sans cesse entassé expériences sur expériences, systèmes sur systèmes, pour parvenir enfin à un mode de fabrication parfait, dont les colonies s'empareront. La betterave, pour ainsi dire, aura fait les frais de l'éducation industrielle des colonies, de même que Napoléon apprit l'art de la guerre à l'Europe entière aux dépens de la France. *Les procédés de fabrication du sucre de betteraves sont en effet, immédiatement et sans restric-*

tion, applicables à la fabrication du sucre de cannes. Or, ces procédés, habiles à tirer d'une plante ingrate et susceptible 5 p. °/o de sucre sur 9 qu'elle contient, ne le seront pas moins sans doute à tirer de la canne, si supérieure à tous égards, 10 de 18. De tous les raisonnemens qu'on pourrait formuler à ce sujet, celui-là étant le plus palpable, je m'y bornerai, quoique bien convaincu que la proportion du sucre obtenu par une bonne fabrication doive aller plus haut. Ce chiffre toutefois est assez élevé, et c'est là l'essentiel, pour soutenir toute concurrence métropolitaine. Du jour où les colonies, au lieu de 80,000,000, de k., enverraient sur les marchés de France 160,000,000 kilos de sucre, il y aurait une baisse momentanée, telle qu'aucune sucrerie de betteraves ne pourrait y survivre. Et si, fortuitement, cela ne suffisait pas, nous verrons plus loin (chap. 6) par quel système, d'une application facile et toute naturelle, la production coloniale pourrait dépasser annuellement 300,000,000 kilos.

C'est donc une révolution industrielle *radicale* que les circonstances imposent aux colonies, une révolution qui s'en prenne non aux détails, mais à l'ensemble ; qui bouleverse de fond en comble le vieil édifice, au lieu de le restaurer ; qui, à la place d'une industrie bâtarde et languissante, mi-agricole et mi-manufacturière, inaugure une industrie pure, franche, vivace, telle qu'elle règne et en France et en Angleterre.

Mais qui fera ce 89 industriel, et qui l'organisera sans crainte de réactions violentes ?

IV

IMPOSSIBILITÉ D'UNE RÉVOLUTION INDUSTRIELLE
OPÉRÉE PARTIELLEMENT.

Ce ne seront point encore les colons : ils ne le peuvent pas.

J'ai dit, tout à l'heure, à propos de quelques améliorations partielles, que le manque de capitaux les interdisait à la masse, et que, quand même elles seraient adoptées par elle, elles ne résoudraient pas la question de la concurrence.

A propos de la révolution radicale que je propose, le même raisonnement se présente de lui-même.

D'abord, les dépenses étant triplées ou quadruplées, il va sans dire que le capital colonial peut encore moins les aborder.

En second lieu, en supposant présent le capital qui manque, les frais d'intérêt et d'amortissement de la somme employée et les frais généraux nécessaires pour la direction et l'entretien d'une installation manufacturière toute nouvelle, sont tels que le bénéfice annuel de chaque habitant ne les compenserait pas. Le calcul le prouve.

N'importe le mode manufacturier adopté (*et plus tard nous les passerons tous en revue*), on comprend sans peine que, pour une sucrerie de l'échelle moyenne, une réorganisation complète ne peut coûter moins de 100,000 fr. Une sucrerie de betteraves en coûte au moins 50,000 de plus. D'un autre côté, la direction de la fabrique ne peut être livrée qu'à un homme spécial, ingénieur ou autre, qui viendra de la métropole accompagné d'un ou deux ouvriers mécaniciens.

Évaluant l'intérêt de 100,000 fr. à 10 p. o/° (et c'est le moindre taux de l'argent dans les colonies) nous aurons d'une part. . . . . . . f. 10,000

Plus, intérêt d'amortissement du capital et frais d'entretien à 10 p. o/°. 10,000

Plus, traitement d'un ingénieur, d'ouvriers mécaniciens, etc., *au plus bas*. 15,000

Plus, supplément de combustible, la bagasse ne suffisant plus. 5,000

Total. 40,000

Voilà les dépenses augmentées de 40,000 francs. — Quelles seront les recettes?

Une sucrerie moyenne qui fabriquait ordinairement 75,000 kilos de sucre, en fabriquera, d'après ce qui est établi au chapitre précédent, 150,000 kilos, c'est-à-dire le double. Ces 75,000 kilos de surplus, ressortant *net* à 40 fr. les 100 kilos, et c'est un très beau prix, aux Antilles par exemple, ne donneront pourtant à l'habitant qu'un maximum de 30,000 fr.

Par conséquent, sa perte annuelle sera de 10,000 fr., quoiqu'il ait doublé ses produits.

C'est qu'en effet les sucreries des colonies françaises sont circonscrites dans de trop petites proportions pour pouvoir supporter des frais industriels considérables. Les appareils que chaque sucrerie devrait posséder suffiraient à la fabrication, non pas de 150,000 kilos, mais de 4 et 500,000 kilos de sucre, et les frais généraux, restant invariablement les mêmes, sauf le combustible, disparaîtraient inaperçus dans le compte de cette fabrication trois et quatre fois plus active. Dans les îles anglaises, à la Nouvelle-Orléans, où les habitations sont généralement assises sur une large base, l'application d'un vaste système manufacturier ne rencontrerait aucun obstacle : dans nos colonies, où, je le répète encore une fois, le chiffre de la production individuelle varie de 20,000 à 250,000 kilos, et où la moyenne est au plus de 75,000 kilos, elle est impossible.

Ainsi, mon raisonnement étant bien compris, malgré la lenteur que j'ai dû mettre à en exposer les prémisses, il demeure bien évident :

1º Que le *statu quo* mène à une ruine certaine ;

2º Que les améliorations partielles sont insuffisantes et inapplicables quant à la masse ;

3º Qu'une régénération industrielle complète, qui, sous le rapport manufacturier, serait suffisante, est encore moins applicable , et, tout compte balancé , n'aboutirait qu'à hâter la ruine de l'habitant ;

4º Que la révolution ne peut pas procéder des colons eux-mêmes, pris individuellement, et qu'elle ne peut être que l'œuvre d'un système entièrement neuf *d'organisation agricole et industrielle.*

Ce système se résume en deux mots :

Séparation absolue de l'agriculture et de l'industrie ;
Centralisation industrielle.

Vous ne pouvez pas, c'est un fait démontré par des calculs rigoureux , perfectionner vous-mêmes au plus haut degré votre fabrication ?... *Renoncez-y.*

La moyenne de vos habitations est trop minime pour répondre aux frais d'une réforme à laquelle pourtant est attaché votre salut ?.... *Réunissez-vous ;* agglomérez vos produits ; appelez chez vous le spéculateur , l'industriel métropolitain, et dites-lui : « Voici un centre ; nous som-
» mes autour de vous six ou huit planteurs qui vous ven-
» drons nos cannes. Elles nous rendaient, en somme to-
» tale, 500,000 kilos de sucre ou un million, n'importe :
» elles vous en rendront le double, à vous qui savez, à
» vous qui pouvez. Sur la grande échelle où vous serez
» placé, vos frais d'installation seront peu de chose, vos
» frais généraux ne seront rien. »

Que les colonies tiennent demain ce langage, et ni industrie ni industriels ne leur manqueront, et d'ici à peu de temps il surgira, dans les meilleures conditions, à Bourbon comme à Cayenne, à la Guadeloupe comme à la

Martinique, 150 ou 200 grandes usines centrales, à la place des 12 ou 1500 sucreries qui languissent dispersées çà et là.

Que sera-ce, du reste, que cette innovation coloniale, sinon l'imitation de ce qui se passe sur le continent dans toutes les industries, quelles qu'elles soient? Le filateur de coton se borne à filer et vend au tisserand. Le tisserand n'a ni blanchisserie, ni teinturerie : ses produits sont blanchis ici, et teints là-bas. Le fabricant de sucre indigène est rarement agriculteur lui-même ; il encourage la culture de la betterave autour de lui, et achète leurs récoltes à ses voisins. Il se garde même de pousser son art aux dernières limites, et livre la matière brute aux raffineurs. C'est une loi, en économie industrielle, que cette division, cette spécialité du travail, et l'on dirait que l'intelligence humaine, pour atteindre l'apogée de sa puissance et de son développement, doit se concentrer tout entière sur un seul objet.

Notre système une fois admis comme principe, il convient d'en démontrer les avantages, un à un, et de détruire, une à une, toutes les objections qu'il soulevera peut-être.

V

DE LA SÉPARATION DE L'AGRICULTURE ET DE L'INDUSTRIE.

La position du colon, telle que l'asseoit notre système, est fort simple.

Nous ne lui demandons ni des capitaux qu'il n'a pas, ni des connaissances spéciales toujours longues à acquérir. Nous lui apportons au contraire et de l'argent et une industrie toute faite.

Il coupe ses cannes au fur et à mesure des besoins de l'usine centrale, après s'être entendu avec le spéculateur sur l'opportunité de la coupe de chaque pièce. Il les apporte à pied d'œuvre, et ses cabrouets, passant sur une bascule semblable à celles employées pour les voitures publiques en France, sont pesés et tarés ensuite après déchargement. Le poids net de ses livraisons est donc constaté jour par jour contradictoirement, et le compte de la fin du mois ne consiste que dans une addition.

Quant au prix, les bases que nous avons posées plus

haut le déterminent d'une manière juste et invariable. 1,000 kilos de cannes, à 5 p. °/° de rendement, produisent 50 kilos de sucre ou un quintal : 1,000 kilos de cannes seront donc achetés à raison du prix d'un quintal de sucre. Je ne conseillerais pas de forfait à cet égard, parce qu'il entraînerait pour les parties contractantes une série de chances trop contraires. Seulement, chaque mois, la chambre des courtiers du port colonial fixera la moyenne du prix auquel est ressorti le quintal de sucre, et c'est sur cette moyenne que le colon recevra, au comptant, le montant de ses livraisons totales. Admettons qu'il eût fabriqué 75,000 kilos de sucre qui, à 20 fr. net le quintal, lui auraient rapporté 30,000 fr. : il me paraît certain qu'il touchera la même somme, à quelques différences près en plus ou en moins. Il y a donc égalité.

Mais il n'a plus ses sirops, d'où il tirait du rhum, ou de l'argent, ou une nourriture précieuse pour ses bestiaux. Cela est juste ; comptons.

75,000 kilos de sucre marchand supposent, d'après mes calculs, 75,000 kilos de sirop environ. Sur cette quantité, une partie s'écoule dans les purgeries des habitations, et le reste tombe un peu partout, à terre, en mer, dans les magasins, dans les entrepôts. Ce qui est sauvé même est en général fort malproprement recueilli. J'en estime la valeur à 40,000 kilos, qui, à un prix de vente moyen de 15 cent., produisent une somme de 6,000 fr., dont il faut en effet que le colon soit indemnisé.

Cette indemnité se retrouve, et bien au-delà, dans la

suppression des dépenses suivantes, qui étaient la conséquence inévitable de la fabrication coloniale, et qui re-
tombent naturellement à la charge du spéculateur :

150 boucauts à fr. 15. . . . . 2,250 f.

Frêt de 150 boucauts jusqu'au port 'd'embarquement, à 7 fr. (la moyenne est] plus élevée) 1,050

Emmagasinage et faux frais de 150 boucauts
à fr. 4. 600

Commission à 5 p. % sur 30,000 fr. 1,500

Droit colonial à 20 fr. les 1,000 kilos. 1,500

Total. . . . . . . 6,900 f.

On voit clairement qu'il y a plus que compensation.

Vient maintenant une autre nature de frais dont le
colon est également délivré : ceux qui s'appliquent à
l'entretien et au renouvellement périodique du moteur, du moulin à cannes, des chaudières, des bâtimens eux-mêmes, et aux exigences imprévues de la
fabrication, telles que l'éclairage, un surcroît de nourriture pour les nègres de sucrerie, etc., etc. Autant qu'une
évaluation de ce genre peut être précise, nous trouvons
encore là une somme de 4,000 fr. au moins qui, ajoutés
à l'excédant constaté ci-dessus, constitue au colon un
premier bénéfice net de près de 5,000 fr.

Mais ces avantages ne sont rien auprès des bénéfices
indirects et immenses que la *séparation de l'agriculture et*

de l'industrie lui promet pour l'avenir, dans un temps plus ou moins rapproché.

D'abord, les soucis manufacturiers une fois écartés, toutes ses préoccupations, toute son activité, toute son intelligence se reporteront avec ardeur sur l'agriculture, et, quoique cette partie soit généralement bien entendue et bien dirigée, aux Antilles surtout, il y a encore de la marge pour le progrès. Les bonnes méthodes de labourage ne sont pas adoptées partout, et certaines localités ne sont point encore tout-à-fait initiées à l'usage et à la fabrique des engrais. Le colon en viendra promptement à la perfection dernière lorsque ses connaissances, celles de son géreur ou de son économe seront bornées à la culture, et lorsque, au lieu de deux travaux, imparfaits à des degrés bien différens sans doute, et qui se contrariaient l'un l'autre, il n'en aura plus qu'un seul à surveiller, exclusif et spécial. Or, toute amélioration agricole se résout par une augmentation de récolte.

Ensuite, que n'est-il pas permis d'espérer de l'emploi de tous ces bras précédemment occupés à la sucrerie, et qui vont rentrer aux champs! Une habitation, de celles que nous avons prises pour base, fabrique environ trois boucauts de sucre par jour, soit 1,500 kilos, et travaille par conséquent cinquante jours par an. Le nombre d'individus qu'elle occupe journellement, tant pour le moteur et le moulin à cannes que pour les appareils à sucre, le chauffage et le transport de la bagasse, n'est guère moindre de 18 : soit, en tout, 900 journées de travail manufacturier. Si on y ajoute le nombre des journées prises pour enformer le sucre, pour foncer les boucauts, pour les porter à l'embarcadère, pour aider aux réparations constantes de la sucrerie, de la purgerie, de la case à bagasse, etc., etc., on atteint sans peine à un total de 1,500 journées de nègres, et des nègres les plus actifs et les plus vigoureux, c'est-à-dire à peu près au quart du chiffre total des journées de travail fournies par un atelier *effectif* de 30 à 35 individus, non compris bien entendu les ouvriers, les cabrouetiers et les domestiques (1). Ces 1,500 journées répondent, d'après des renseignemens qui m'inspirent toute confiance, à la mise en culture et à la plantation de cinq hectares de cannes, lesquelles pousseront au moins des premiers et des seconds rejetons. Au bout de trois ans, et progressivement par tiers, les récoltes annuelles seront donc augmentées de 15 hect. qui, calculés à un rendement moyen de sept boucauts, représenteront un excédant de deux tiers sur les revenus anciens. Mais, comme d'autre part les améliorations agricoles introduites par le colon auront produit leur effet, on peut dire sans exagération qu'au bout de trois ou quatre ans, et récoltes et revenus seront doublés.

De pareils résultats ont lieu d'étonner au premier moment, et excitent l'esprit d'incrédulité. Si cependant l'on

______

(1) Je crois que trente nègres sont la moyenne des nègres employés *constamment et journellement aux champs* sur une habitation produisant 75,000 kilos de sucre.

veut réfléchir avec soin à toutes les heureuses circonstances dans lesquelles nous plaçons le colon, et à l'aptitude particulière et très remarquable qu'il a naturellement pour les travaux agricoles, on sera fort tenté, comme
nous, de les admettre et d'y croire. Il n'est pas rare d'ailleurs de voir, par un simple changement d'administration,
d'un géreur à un autre, par exemple, une habitation dou-
bler et tripler ses revenus. La terre ne manque pas ; chaque colon en a trois et quatre fois plus qu'il n'en cultive :
les bras seuls font défaut.

Ce n'est pas tout. De l'habitant sucrier qui représente l'aristocratie des colonies, il faut descendre au
petit habitant, qui ne plante que du café et des vivres,
qui vit dans une pénible solitude au milieu de terres
incultes quelquefois fort étendues, et à qui le manque
de bras et d'argent interdit l'établissement d'une usine
à sucre. Vienne le moment où, par l'organisation de
fabriques centrales, la canne acquerra par elle-même
une valeur réelle et vénale, et celui-là aussi la cultivera,
et les profits qu'elle lui rapportera dépasseront, dans
une proportion toujours croissante, ceux qu'il reti-
rait de sa culture bornée, et cette double récolte coloniale, que nous rêvons, sera atteinte cette fois et sûre-
ment, même aux yeux de ceux qui en doutaient tout-à-
l'heure.

Disons enfin, pour compléter l'ensemble des raisonnemens qui ont servi d'échafaudage à notre système, que,
quand même les colons trouveraient un bénéfice annuel

assuré à organiser la réforme manufacturière sur chacune de leurs habitations, ils devraient encore y renoncer : car la continuation des travaux industriels maintien-
drait leurs travaux agricoles dans les mêmes limites
qu'aujourd'hui ; et ils ne participeraient que dans une
mesure modique à un accroissement de produits industriels qui ne s'obtient qu'à grands frais, tandis que l'accroissement des produits agricoles leur revient tout entier sans aucune dépense.

J'ai eu souvent l'occasion, et à la Guadeloupe, et à la
Martinique, de développer mes idées devant plusieurs
colons et négocians, et j'ai recueilli les objections dont
elles ont été l'objet. Je vais les relater consciencieusement et les combattre avec bonne foi.

Nous n'aurons plus de sirop pour nos bestiaux, ni de
sirop et de vesou pour nos nègres qui, dès leur enfance,
ont été habitués à ce bienfait du temps de la récolte ?—
Sans doute ; mais vous aurez, en argent, plus que la valeur de vos sirops et de votre vesou, et, avec de l'argent, il
vous sera loisible d'en acheter dans les usines centrales
elles-mêmes, ou de les remplacer par de l'avoine pour
vos bestiaux, par de la farine, de la morue, du vin pour
vos nègres. Cette somme, au bout du compte, ne peut
pas figurer dans votre caisse à titre de bénéfice : vous la
devez tout entière et à vos bestiaux et à vos nègres, auxquels, mieux employée, elle profitera davantage.

Vous nous rendez des bras pour la culture, c'est bien ;
mais où prendre le fumier nécessaire pour 15 hectares

de plus par an? — Je ne sache pas d'abord qu'un gros bénéfice ne vaille pas la peine d'une petite dépense, et se procurer, à prix d'argent, soit des bestiaux, soit des engrais, ne serait pas, dans ce cas, une si mauvaise spéculation. Mais vous n'aurez même pas besoin pour cela de déboursés extraordinaires ; les sommes annuelles que vous auriez consacrées à l'entretien de votre usine, etc., et qui vous rentrent, vous les destinerez à l'achat de bêtes à cornes et de mulets, ou à l'achat d'engrais tout préparés (1).

L'établissement des usines centrales ne sera pas également avantageux pour tous ; les transports de la canne jusqu'à pied d'œuvre seront beaucoup plus onéreux pour certains habitans que pour certains autres? — D'abord, un bon marché vous étant offert, il vous appartiendra

---

(1) La morue vieille et avariée est, depuis quelque temps, l'engrais le plus estimé aux Antilles pour la culture de la canne à sucre, et tellement même que les colons l'achètent au prix énorme de 10, 12 et 15 fr. le quintal, ce qui assure la pêche nationale contre toute possibilité de perte dans ses armemens. Mais, sous une autre forme, le même poisson donne un engrais tout aussi bon. Je veux parler de la tête, de l'os principal et des entrailles de la morue qui, dans la préparation faite à Terre-Neuve, sont jetés à la mer. Il faut au contraire les recueillir précieusement dans des barils étanches contenant de la saumure ; il faut, avec ce produit nouveau, combler le vide des bâtimens qui relèvent presque toujours avec une cargaison incomplète, ou même en remplir des bâtimens entiers, qui viendraient exprès des Antilles entre deux voyages de sucre, et trouveraient là un frêt inattendu. J'ai consulté à ce sujet un capitaine expérimenté qui a longtemps fait la pêche sur les côtes de Terre-Neuve : il m'a affirmé que, tous les frais à sa charge, ce serait pour un navire une excellente opération que de vendre ces résidus à raison de 7 et 8 fr. le quintal. L'affaire ne serait-elle pas meilleure encore pour les colonies ?

de l'accepter ou de le refuser sous le prétexte qu'il n'est pas aussi bon pour vous que pour votre voisin. Ensuite, ces centres seront établis dans les conditions du possible, il faut le croire, et nous le démontrerons plus loin. Enfin, en modifiant quelque peu le système des charrois qui est mal entendu, en n'attachant qu'un nègre à chaque cabrouet au lieu de deux, en adoptant des cabrouets à bascule qui sont d'un déchargement prompt et facile, en en doublant le nombre, vous arriverez, sans plus de main-d'œuvre qu'actuellement et sans perte de temps, à transporter vos cannes à une *distance double*, qui sera évidemment le *maximum* du surcroît des distances. Quant aux bestiaux nécessaires pour le surcroît des transports, n'oubliez pas que déjà vous les avez achetés en vue du fumier.

Une dernière objection est tirée de l'amour-propre de certains colons, qui tiendront à continuer eux-mêmes la fabrication de leur sucre, et qui se croiraient amoindris s'ils étaient uniquement relégués aux exploitations agricoles. — J'avoue que je comprends peu qu'une idée semblable puisse venir à l'esprit de gens sensés, et je ne vois pas comment la gloire de faire de mauvais sucre les aveuglerait à ce point sur leurs véritables intérêts. Toutefois, le cœur humain a des secrets inexplicables que je ne me charge pas d'expliquer. J'ai foi dans l'excellence de mon système ; je le développe au profit des colonies ; mais nul n'a le droit de l'imposer.

Pour en finir, rappelons que le genre de transaction

proposé entre le colon et l'industriel est en vigueur partout depuis longtemps. Un habitant, empêché par un ac-
cident quelconque d'achever sa récolte, en porte le reste
au moulin de son voisin, qui garde pour lui la moitié du
produit. Le même cas se représente périodiquement de
la part de quelques habitans vivriers cultivant la canne,
qui envoient leur récolte au moulin le plus proche et re-
çoivent en échange la moitié seulement du sucre fabriqué. La position respective du colon et de l'industriel est
identique : l'industriel achète du colon, à raison de 5
p. o/o de rendement, une plante qui, entre ses mains,
produira 10 p. o/o.

C'est, au reste, le marché que M. de Jabrun a passé avec
la *Société des cannes desséchées* : il lui a, par acte, vendu
ses cannes à raison de 25 fr. les 1000 kilos, et il désire
maintenant substituer à ce forfait de 25 fr. le prix d'un quintal de sucre, tel qu'il sera fixé à la Pointe-à-Pitre, à la fin
de chaque mois. On peut s'en rapporter à M. de Jabrun
qui est, dans toute la force du terme, un bon habitant,
qui fait ses calculs avec soin, et qui, étant libre en 1842
de rompre son marché, a jugé avantageux de le renou-
veler.

VI

DE LA CENTRALISATION INDUSTRIELLE.

Dès que les colons sont convaincus de l'utilité du nouvel état de choses et qu'ils en veulent l'avènement avec force et sincérité, la centralisation industrielle n'éprouve ni difficultés, ni retard.

Le spéculateur choisit son centre, et passe, avec les habitans dont les terres sont comprises dans un rayon assez restreint, des marchés conformes aux bases stipulées plus haut. Ces baux, dans l'intérêt commun, ne sont consentis ni pour moins ni pour plus de cinq ans.

L'importance des récoltes ainsi affermées variera dans d'assez notables proportions, selon le plus ou le moins de convenance des localités. Pourtant, elle doit toujours être telle que non seulement l'industrie soit annuellement indemnisée d'un cinquième de ses dépenses d'installation et de la totalité de ses frais généraux, mais encore qu'il lui reste un large bénéfice, en compensation de ses soins et des chances que court toujours un capital engagé n'importe où et n'importe comment.

4

5,000,000 kilos de cannes, c'est-à-dire, après fabrication, 500,000 kilos de sucre, sont, à mon avis, la plus petite échelle sur laquelle puisse opérer une usine centrale, et en même temps une échelle suffisante pour que l'usine se maintienne et prospère. Ce chiffre suppose une quantité de cannes produisant aujourd'hui 500 boucauts, soit 250,000 kilos de sucre, et un centre situé entre trois ou quatre habitations d'une production moyenne de 75,000 kilos. Assurément, il n'y a là rien d'exagéré quant aux facilités de communication, surtout si l'on songe que la mer offre, le long des côtes, les relations les plus courtes, et que les usines seront installées tout aussi bien sur ses bords qu'au milieu des terres. Bien peu de localités seront donc privées des bienfaits de la centralisation, et j'en sais bon nombre qui peuvent livrer à la spéculation une masse de 10, 20, 30 et même 40 millions de kilos de cannes. Aux premiers occupans et aux plus hardis cette bonne fortune !...

Quant aux usages agricoles, l'industriel n'aura que peu de chose ou rien à y changer. Il demandera seulement que les récoltes soient coupées dans les quatre meilleurs mois de l'année, pour les Antilles, par exemple, de février à juin. C'est pour lui une condition essentielle de succès, parce que, ses bénéfices ne se composant que de peu répété plusieurs fois, il ne doit rien laisser perdre de la richesse de la canne. Or, avant comme passé cette époque, le vesou a une densité moindre de plusieurs degrés. C'est, au reste, une obligation qui gênera peu la plupart des habitans, accoutumés dejà à enlever leurs récoltes en quatre ou cinq mois au plus, et qui forcera les autres, pour leur propre bien, à se mettre au pas de cette culture bien entendue. Si, dans le principe, la nécessité d'avoir du plant à tout autre moment de l'année était un obstacle, rien n'empêcherait l'habitant de se réserver 1 ou 2 hectares, qu'il fabriquerait lui-même dans sa sucrerie restée debout. Son intérêt d'ailleur le guidera mieux en tout ceci que nos conseils.

Comme toute chose nouvelle, comme la séparation de l'agriculture et de l'industrie elle-même, la centralisation a aussi ses objections. La réponse est facile.

On met en avant la difficulté d'installer et d'entretenir un établissement industriel dans un pays où il y a peu de ressources en ouvriers, et où tout ce qui est ouvrage en fer ou en cuivre ressort à un prix exorbitant. Cette difficulté existe bien à l'heure qu'il est ; elle n'existera pas pour le spéculateur qui aura toutes les connaissances voulues, qui sera accompagné de chefs de fabrique et de mécaniciens, qui enfin aura à sa disposition, comme toute sucrerie de betteraves en France, un petit atelier de mécanique et de chaudronnerie. Le gros de la fabrication ne consiste que dans une main-d'œuvre très ordinaire, tout aussi bien à la portée des nègres que la fabrication actuelle, et les bras ne lui manqueront pas. En dehors des habitations sucrières, il y a une population flottante de noirs capable d'alimenter toutes les usines centrales qui s'élèveront. Dans l'opération des *cannes dessé-*

chées, j'ai même pu faire de bons choix, soit parmi des nègres libres, soit parmi des nègres loués à eux-mêmes par leurs maîtres. Avec une surveillance très active et quelque patience dans l'enseignement, je les formais vite à leur besogne et j'en tirais pleinement une somme de travail égale à leur salaire.

L'acclimatement des ouvriers venus de France a lieu également sans peine : de nombreux exemples l'ont prouvé. Si, condamnés au travail de la terre, ils étaient journellement exposés à l'ardeur du soleil, ils courraient des risques réels ; mais, occupés constamment dans des ateliers et soumis à un bon régime de nourriture, non seulement ils s'habitueront au climat des colonies, mais il y a chance qu'ils s'y portent mieux qu'en France à cause de l'uniformité des saisons. J'attache un grand prix à la colonisation de ces ouvriers métropolitains. Il pourra sortir de là une race blanche d'artisans, de chefs d'ateliers, de travailleurs de toutes sortes, dont la présence est appelée à rendre de vrais services. Il n'y a dans les colonies que des noirs et des grands seigneurs : l'Européen qui y arrive valet de chambre s'assimile, dès le lendemain, au riche colon qui l'a amené, et l'on ne trouve nulle part ces positions intermédiaires, ce travail en *sous-ordre* qui, bien dirigés, concourraient à détruire toute routine et à propager partout le progrès. Tout moyen d'aider à la formation d'un pareil tiers-état mérite donc d'être encouragé, et la centralisation industrielle y contribuerait plus que tout autre.

On prétend, en troisième lieu, que, lorsque le colon n'aura plus de cannes à manufacturer, il soignera moins ses récoltes, poussera la culture des *rejetons* au-delà des limites, et par conséquent plantera moins de cannes, puisque cannes plantées et rejetons lui seront payés au même prix. Si le colon fait cela, il en sera la première dupe, et l'industriel n'en sera même pas atteint. Peu importe en effet à ce dernier qu'un hectare en masse rapporte plus ou moins : il n'achète qu'au poids ; et quant à la qualité, peu importe en moyenne que ce soit rejetons ou cannes plantées. Pour l'habitant, au contraire, il faut que chaque hectare lui rende le plus fort poids possible, et, par la force des choses, son intérêt est intimement et directement lié à celui de l'industriel. Le rendement en argent est pour lui en raison directe du rendement à la pièce, pour me servir d'une expression créole, et le rendement à la pièce est en raison des soins intelligens qui ont présidé à la culture.

N'est-il pas à craindre, dit-on encore, que la production coloniale ne se nuise à elle-même par l'immense développement que vous voulez lui donner, et que, la consommation restant stationnaire, les sucres envoyés sur les marchés métropolitains en excessive abondance ne tombent à vil prix? — Sans doute, si la révolution s'organisait par toutes les colonies françaises d'une année à l'autre, il en arriverait ainsi. Mais elle ne pénétrera dans les esprits et dans les mœurs que peu à peu, par l'influence des exemples; mais le sucre colonial devra d'abord remplacer le sucre indigène dont la concurrence sera éteinte; mais, par une baisse de prix provisoire, la consommation s'accroîtra, s'étendra jusqu'aux 12 millions de Français qui sont encore privés de l'usage du sucre, et, l'habitude une fois prise, le producteur rehaussera insensiblement ses prix ; mais l'exportation offrira ses nombreux débouchés à la raffinerie métropolitaine. Un grand bouleversement ne peut point avoir lieu sans quelque malaise momentané, et ce n'est point par ses résultats immédiats, mais par ses conséquences finales qu'il faut juger du plus ou moins de son utilité.

Trouvera-t-on enfin les capitaux nécessaires à l'établissement des usines centrales, et la spéculation industrielle ne sera-t-elle pas effrayée d'y compromettre ses fonds dans des circonstances où l'avenir colonial est en question? — D'abord, les capitaux indispensables sont peu de chose eu égard à la masse des produits annuels sur lesquels on peut spéculer, et, sauf 25 à 30,000 francs destinés à des fondations de fabrique et à des bâtimens en bois, le reste sera représenté par des machines et des appareils qui, en toute occasion, conservent la majeure partie de leur valeur. J'estime à 200,000 francs l'installation entière d'une usine susceptible de fabriquer 2,000,000 de kilos de sucre en quatre mois, et à 125,000 francs une usine de 1,000,000 kilos seulement. Cette mise dehors est certainement bien modeste. Si elle devait être sérieusement compromise, il est vrai qu'elle serait exorbitante. Mais, sous quelque noir aspect qu'il envisage l'avenir, l'homme le plus timoré ne peut pas ne pas croire à la durée de l'état actuel, au moins pendant cinq ou six années. C'est assez, d'après mes calculs établis avec une prudente prévoyance, pour amortir en entier le capital engagé.

Au reste, il ne s'agit pas ici de débattre les intérêts ni de faire le bilan du spéculateur ; il suffit d'avoir posé les bases de la spéculation , et d'avoir démontré en général qu'elle était possible, facile et fructueuse. Or, il y a toujours de l'argent pour une bonne affaire , et il y a toujours des hommes d'activité et d'intelligence pour une belle entreprise qui, outre des bénéfices certains, rejette sur eux quelque peu d'éclat.

Jamais occasion plus propice ne s'est montrée à nos ports de mer pour créer une de ces gigantesques compagnies, telles qu'en possèdent l'Angleterre et la Hollande. Cette dernière nation surtout leur offre en ce moment un exemple tout-à-fait applicable à nos colonies. Guillaume, ce roi si populaire à juste titre, parce qu'il a su être le banquier le plus hardi et le négociant le plus habile d'un peuple de négocians et de banquiers, Guillaume a compris, avant d'abdiquer, que le seul moyen de restaurer la marine hollandaise déchue de son ancienne splendeur était d'exploiter, sous toutes les formes, les richesses commerciales et industrielles de Java, et il a su imprimer une nouvelle vie à cette compagnie des Indes de glorieuse mémoire, en y versant de sa bourse particulière plusieurs millions.

En France même, où l'esprit d'association commence enfin à se développer, on a bien pu, il y a quatre ans, réunir en quelques jours plus de 300 millions destinés à la spéculation chanceuse des chemins de fer. Ne pourrait-on pas aujourd'hui, pour une spéculation bien autrement profitable et nationale, rassembler 30 ou 40 millions? Que serait-ce, divisé entre nos quatre principaux ports de mer?

Mais, à défaut des vastes entreprises, viendront, je n'en doute pas, les entreprises individuelles calculées sur une échelle moindre. Ce raisonnement bien simple, que l'organisation d'une seule usine centrale amène forcément la consignation si avantageuse de 3 ou 4000 boucauts de sucre, n'échappera pas aux négocians du Hâvre, de Bordeaux, de Marseille et de Nantes. L'affaire industrielle assure le profit commercial, et celui-ci, en peu de temps, couvre les déboursés de l'industrie. Le succès de M. Vincent, à Bourbon, qui, le premier, est entré dans cette voie du progrès, et qui applique, dans des proportions grandioses, le nouveau système, sera d'une heureuse influence sur la résolution des plus timides. J'espère moi-même pouvoir aider bientôt à la propagande par des faits mieux encore que par cet écrit.

Quant au mode manufacturier qu'adoptera le spéculateur industriel, peu importe, pourvu que ce mode lui fournisse le rendement en sucre de 10 p. % qui est la condition expresse de la réussite. Deux modes, au reste, se présentent à lui :

L'un, *de fabrication directe*, composé des divers élémens qui constituent la fabrication du sucre de betteraves lui-même;

L'autre, *de fabrication indirecte*, c'est-à-dire le travail de la canne par les *procédés de la dessiccation*.

Examinons-les l'un et l'autre.

VII

DE LA DESSICATION DES CANNES A SUCRE, COMME PROCÉDÉ DE FABRICATION INDIRECTE.

Les expériences de M. Pelligot, en 1839, portèrent sur quelques litres de vesou et quelques kilos de cannes desséchées qui lui avaient été expédiés de la Martinique. Cet habile chimiste en tira quelques conséquences qui excitèrent vivement alors la curiosité publique, et il laissa entrevoir qu'un des moyens *théoriques* les plus propres à obtenir, à l'état cristallisé, toutes les quantités de sucre que contient la canne, était de la dessécher d'abord avec promptitude, et de la traiter ensuite par la macération.

Cette théorie était bien de nature à fixer l'attention des colons, des industriels métropolitains et du gouvernement lui-même. En effet, elle remplaçait un ancien système de fabrication radicalement vicieux, qui n'exprime qu'une médiocre proportion de jus, et qui, à la suite d'évaporations fort longues et de cuites défectueuses, ne rend en définitive que 5 0/0 de sucre marchand sur les 18 0/0 existant dans la canne. Elle prenait, en un mot, l'art à son enfance, et du premier bond le poussait aux dernières limites de la perfection.

Tant de résultats merveilleux, tant d'incalculables avantages étaient attachés à la réalisation de cette idée que cela parut un rêve, et tous s'écrièrent que cela était impossible, parce que cela serait trop beau. Quelques-uns eurent foi pourtant, qui résolurent de tenter l'application, et qui trouvèrent dans l'administration du Commerce et des Finances des esprits éclairés pour les comprendre, des esprits bienveillans pour les aider. Une Société fut donc formée, dans les premiers jours de 1840, pour exploiter l'autorisation accordée à M. Pelletan d'importer en France, à un droit minime, 4,000,000 kilos de cannes desséchées. Je fus moi-même chargé d'aller à la Guadeloupe installer et diriger les nouveaux procédés de fabrication sur l'habitation de M. de Jabrun, actionnaire pour moitié dans cette grande entreprise, et actionnaire par dévoûment à la cause coloniale.

Arrivé à la Pointe-à-Pitre le 16 avril 1840, j'avais pu organiser, dans l'espace de deux mois et demi, une importante fabrique, depuis les premiers travaux de terrassemens jusqu'au dernier coup de lime. Je cite ce fait, comme prouvant qu'il est possible de faire de l'industrie, dans les colonies, mieux et plus vite qu'on ne le suppose généralement. Si, à cette époque du 1er juillet, je n'avais pas rencontré dans une partie des appareils un obstacle majeur, auquel d'ailleurs il fut facile de remédier plus tard, les choses seraient aujourd'hui beaucoup plus avancées qu'elles ne le sont, et, au lieu de données approximatives, je pourrais avec toute certitude inventorier l'industrie nouvelle. Je suis forcé, au contraire, de me contenter, pour certains cas, d'à-peu-près, de chiffres que je crois consciencieusement exacts, mais dont la précision ne m'est pas démontrée par l'expérience.

Voici un aperçu sommaire de l'opération.

Les cannes entières sont apportées à un instrument construit d'après le principe des *coupe-racines*, et fort habilement adapté par M. Danjoy (1) à sa nouvelle spécialité. Ce *tranche-cannes*, armé de quatre lames, les débite en rouelles oblongues de 5 à 6 millimètres d'épaisseur, avec une précision et une netteté irréprochables. Il n'exige aucune intelligence ni aucun soin particulier de la part du manœuvre chargé de le *fournir*, et, mu à 120 révolutions par minute, avec la force de deux chevaux de vapeur au plus, il produit par heure de 12 à 1500 kilos de cannes tranchées.

Au fur et à mesure qu'elles tombent dans des paniers disposés exprès pour les recevoir, les cannes tranchées sont étendues dans des boîtes garnies d'un treillage en

---

(1) M. Danjoy a concouru avec moi à la fabrication des cannes desséchées. Je suis heureux de trouver ici l'occasion de rendre un hommage public à ses talens et à la profonde intelligence qu'il a des choses industrielles. J'espère, pour la Guadeloupe, qu'elle saura le conserver et mettre à profit les lumières d'un ingénieur aussi distingué.

fil de fer, et immédiatement envoyées dans un vaste appareil parfaitement clos, et composé d'une certaine quantité de boîtes semblables roulant sur un *rail-way*.

Là commence la dessiccation. Dans cet appareil circule incessamment, avec rapidité, une masse d'air élevé à la température de 100 degrés centigrades, qui, léchant les différentes couches de cannes qu'il rencontre, leur enlève successivement toutes les parties d'eau qu'elles contiennent, et s'échappe, saturé d'humidité, par des cheminées aspirantes. Trois heures doivent suffire pour obtenir une dessiccation parfaite. Ainsi, en trois heures, l'évaporation a eu lieu, et, préalablement, la canne n'a pas été plutôt exposée au contact de l'air ambiant qu'aussitôt elle était soumise à une température de 100 degrés. Ces circonstances sont, à coup sûr, bien conformes aux principes de saine fabrication que j'ai consacrés dans le chapitre 1er.

En sortant de l'appareil de dessiccation, toujours immédiatement et toutes brûlantes, pour ainsi dire, les cannes subissent l'action de la presse hydraulique, qui en réduit le volume, sans leur permettre de reprendre, au contact de l'atmosphère, la plus petite partie d'humidité. La réduction du volume se fait à plusieurs reprises et progressivement, jusqu'à ce que le bloc ait acquis la dureté du bois. Alors, et pendant même que la pression subsiste, s'opère l'emballage.

La densité des cannes desséchées, pressées par moi, n'a égalé que le tiers de la densité de l'eau, parce que le moteur mis à ma disposition n'avait pas une puissance équivalente à la puissance des presses hydrauliques; mais, avec une force suffisante, on doit infailliblement atteindre moitié. A moitié, l'industrie nouvelle rentre dans les conditions ordinaires du fret colonial. Les boucauts de sucre, en effet, soit par leur vide intérieur, soit par le vide que leur forme sphérique, un peu renflée au centre, produit dans l'arrimage, occupent dans un navire un volume double de celui qu'occuperait le même poids en eau. Les ballots de cannes desséchées, eux, n'ont aucun vide intérieur, et, par leur forme carrée, n'en laissent aucun à l'arrimage. Ils profitent donc de tout l'espace perdu et peuvent, en un mot, charger un bâtiment d'un poids égal à celui qu'il aurait pris en sucre. J'insiste sur ce point parce qu'on l'avait considéré comme l'écueil probable de tous nos essais. Il est évident maintenant qu'il a reçu une solution satisfaisante.

Il en est à peu près de même des autres questions qui toutes, au dire de certains incrédules, étaient insolubles. La main-d'œuvre n'a rien d'exagéré et sera diminuée facilement encore; le combustible est employé si activement qu'un kilo de coak évapore 6 kilos d'eau; la traversée n'altère pas le moindrement la canne sèche, et, sauf une épaisseur de 1 ou 2 centimètres, les ballots arrivent dans un état de siccité absolue; enfin, avec un seul tranche-cannes, deux presses hydrauliques et une force réelle de 7 ou 8 chevaux, on peut, en 24 heures, fabriquer de 9 à 10,000 kilos de produits.

La partie capitale de l'opération paraît donc devoir être l'extraction du sucre en France : cela est en effet, et je dois dire tout d'abord que la pratique n'a pas réalisé les promesses de la théorie. De mauvaises cannes, envoyées par moi l'année dernière, ont bien, entre les mains de M. Osmin Hervy (1) et dans un travail de laboratoire, abandonné tout le sucre qu'elles contenaient ; mais, manufacturièrement, la chose a été beaucoup plus difficile. La même proportion n'a pas été extraite ; je doute qu'elle le soit jamais, et je crois même inutile de la rechercher, parce que les frais nécessaires pour parvenir à un épuisement total ne seraient jamais compensés par le surcroit de rendement. Dans la fabrique de notre Société, on n'a pas dépassé un rendement de 40 p. % du poids de la canne sèche. Peut-être dans l'avenir, après bien des tâtonnemens et des dépenses d'essai, arrivera-t-on à 50 p. % ; en tout cas, ce sera là un *maximum*. Or, d'après les proportions connues, la canne desséchée renferme 64 p. % de sucre et 36 p. % de ligneux. Ces 64 p. % correspondent aux 18 p. % de la canne fraîche, et les 50 p. % destinés, dans la meilleure hypothèse, à devenir le *maximum* d'une extraction manufacturière, équivalent approximativement à 15 p. %. Ces 15 p. %, à leur tour, doivent, en fabrication courante, perdre au moins 2 p. % en sirop, et, en définitive, la quantité de sucre cris-

---

(1) Voir la note 1 du chapitre 1, relative aux expériences signalées par M. Hervy.

tallisé extrait de la canne, par les procédés de la dessiccation, ne doit pas être évaluée à plus de 13 p. %.

Pour raisonner de l'avenir, il faut donc partir de cette base que je maintiens juste, jusqu'à preuve du contraire.

Assurément, s'il en était des colonies comme nous le supposions lors de la création de notre Société; si , comme nous devions le penser d'après ce qui nous était affirmé de part et d'autre, aucune réforme n'était possible dans les procédés de la *fabrication directe*; si enfin il fallait sérieusement regarder les 5 p. % de la manufacture coloniale actuelle comme un *ultimatum*, les 13 p. % de la dessiccation seraient un énorme avantage, et laisseraient encore au colon ou à l'industriel un bénéfice considérable, après le prélèvement des frais extraordinaires qu'entraîne cette *fabrication indirecte*. Mais, ainsi que l'a démontré cette discussion, la question était alors et est encore aujourd'hui mal placée. J'ai dit, et j'espère prouver, dans le chapitre suivant, qu'avec de bons procédés de *fabrication directe* les malheureux 5 p. % peuvent être portés sans peine à 10 p. % au moins. C'est donc entre ces 10 p. % et les 13 p. % de la dessiccation que le débat existe.

Ici deux cas, tous deux à prévoir, se présentent : ou les cannes, une fois desséchées, seront manufacturées dans les colonies et y laisseront leur sucre qui, à l'entrée en France, sera frappé des *droits actuels*; ou elles seront, comme la Société formée sous les auspices du gouvernement doit le faire, transportées en France pour y être fabriquées, et y entreront à des *droits privilégiés.*

Dans le premier cas, il y a doubles frais de fabrication, deux usines au lieu d'une, et je crains fort que les 3 p. % de produits en sus ne soient absorbés par l'excédant des dépenses que nécessiteront la main-d'œuvre, le combustible et les frais généraux.

Dans le second cas, il y a de plus un frêt double. Mais, ici, tout dépend de la législation à intervenir, du droit auquel seront imposées les cannes desséchées. Lorsque le gouvernement accorda à M. Pelletan une faveur de douane, il y fut poussé par des considérations toutes maritimes. Il comprenait que 15 p. % de sucre, au lieu de 5 p. %, importés sous forme double, et par conséquent avec double frêt, sextuplaient les transports de la marine marchande. Il entrevoyait aussi que l'industrie métropolitaine irait s'emparer de la fabrication nouvelle, et que la culture, devenue le seul souci, le seul travail des colons, augmenterait dans des proportions telles que la marine serait, au bout d'un certain temps, non plus sextuplée, mais décuplée peut-être. La raison de ce qu'il fit il y a dix-huit mois subsiste toujours; la question coloniale est encore et ne sera jamais pour lui qu'une question marine; et, quand le moment sera venu, il est permis de croire qu'il saura favoriser la *dessiccation de la canne à sucre* dans de généreuses proportions.

Mais nous n'en sommes pas là; mais une législation n'interviendra que quand elle pourra s'appuyer sur des documens certains, et qui les lui fournira, sinon la Société qui est actuellement en train d'exploitation? Or, cette Société n'a encore produit que des échantillons ; on n'improvise pas une industrie en un jour, ni en un an. En 1840, on a dû renoncer à certains appareils; en 1841, d'autres modifications ont été jugées utiles; peut-être l'année prochaine tout ne marchera-t-il pas encore d'une manière courante, et les 4,000,000 kilos, si la bourse sociale suffit à tant de sacrifices, ne seront pas épuisés de sitôt.

Il n'y a donc guère que des probabilités, et, avant qu'un système assis et fixe se formule, il ne faut compter ni sur l'adoption de l'industrie nouvelle de la part des spéculateurs, ni sur une législation de la part du gouvernement.

Cependant le temps presse, les événemens se hâtent, la betterave menace toujours, les abolitionistes s'impatientent, et il importe de prouver sans délai aux juges naturels de *la grande question* à quel haut degré d'importance les colonies peuvent s'élever elles-mêmes et élever la France. Tandis que la dessiccation suivra son cours, et en attendant qu'elle aboutisse à une théorie industrielle, il me semble donc qu'il est urgent d'en appeler à un système de *fabrication directe*, moins grandiose sans doute dans ses résultats, mais dont l'application soit immédiate, et dont les effets moraux et matériels viennent sans délai soulager la misère du présent et éloigner jusqu'à la crainte de la misère de l'avenir.

A proprement parler, ce système réside tout entier dans les procédés employés pour la fabrication du sucre de betteraves, et il ne s'agit que de choisir les meilleurs. Pourtant, il n'est pas sans intérêt d'entrer à cet égard dans quelques développemens, sans toutefois vouloir entamer une discussion scientifique.

VIII

DES PROCÉDÉS DE FABRICATION DIRECTE APPLICABLES A L'INDUSTRIE COLONIALE.

Moteur. — J'ai insisté plus haut sur la nécessité d'avoir un moteur très puissant, une machine à vapeur, par exemple, de 10 à 12 chevaux. J'appuierai maintenant sur la construction de cette machine qui, au rebours des habitudes du passé, doit être d'autant plus parfaite qu'elle est destinée à un pays éloigné de toutes ressources industrielles. Les Anglais et les Américains ont assez exploité les colonies françaises en y envoyant le rebut de leurs ateliers ; les constructeurs métropolitains font mieux et avec plus de bonne foi. Quant au prix, il y a toujours économie à payer cher une machine qui n'exige qu'un entretien de propreté, et jamais de réparation.

Les *générateurs* destinés, soit à la machine, soit aux chaudières à sucre, devront être de forme longue, munis de bouilleurs, et susceptibles d'être chauffés à volonté par de la bagasse, du bois ou du charbon. La bagasse ne suffisant pas au chauffage entier, surtout au commencement de la fabrication, le bois la remplacera, et, à défaut de bois, le charbon de terre venu de France.

Moulin à cannes. — En attendant que les améliorations projetées s'achèvent, qu'on ait ajouté à la combinaison actuelle un ou deux cylindres de plus, qu'on ait augmenté leur longueur sans que ce soit au détriment de la *centration* ; un bon moulin horizontal, à trois cylindres de 4 pieds de long et à cylindres fixes comme ceux des laminoirs à fer, remplira les vues de l'industriel. Mis en rapport convenable avec la puissance de la machine à vapeur qu'il utilisera dans son plein, et restreint à une vitesse de 4 ou 5 révolutions par minute seulement, il exprimera, en moyenne et sans difficulté, 75 p. o/o du poids de la canne, rejetons et cannes plantées mêlés : prenons pour base 70 p. o/o. La quantité de cannes écrasées en une heure sera égale environ à 7 cabrouettées, c'est-à-dire à 3,500 kilos qui, à 70 p. o/o de rendement, fourniront 2,500 kilos de vesou. 2,500 kilos de vesou donneront 2,000 litres d'eau à évaporer par heure, et un produit de 500 kilos de sucre, moins le sirop d'égoût. Défalcation faite de ce dernier, on peut donc, avec un seul moulin horizontal, entreprendre la fabrication de 9 à 10,000 kilos de sucre par jour, 18 ou 20 boucauts.

Par cela même que le moulin horizontal consomme en peu de temps des masses énormes de cannes, la main-d'œuvre qui consiste à les lui *approcher* est considérable. Pour la réduire à d'insignifiantes proportions, je proposerais deux chaînes sans fin, mues toutes les deux par le moteur commun, dont l'une apporterait les cannes à la table du moulin même, et dont l'autre emporterait au loin la bagasse. Si je ne me trompe, ce mécanisme fort simple est en usage à la Nouvelle-Orléans.

Emploi de la vapeur pour la fabrication du sucre. — Le moteur principal étant une machine *à vapeur*, il est rationnel et économique d'appliquer également la vapeur à la fabrication du sucre. Personne, mieux que les colons, ne connaît les inconvéniens du *feu nu*, et il est presque superflu de les énumérer ici. Le feu nu exige dans les chaudières, si l'*équipage* est petit, une grande profondeur de liquide qui s'évapore lentement ; si les chaudières sont assez nombreuses pour ne recevoir chacune qu'une mince couche de liquide, il faut en même temps multiplier les fourneaux, et accroître en proportion le combustible et la main-d'œuvre. Les chaudières ne peuvent être soustraites à l'action du feu nu qu'en l'arrêtant tout-à-fait ; sinon, qu'elles soient vides ou pleines, elles subissent toujours dans toutes leurs parties le même contact de la flamme et le même rayonnement du calorique. C'est ainsi que dans les colonies une partie du sucre se trouve inévitablement réduite en caramel. — La vapeur, au contraire, employée dans des chaudières, soit à double fond, soit à serpentins, multiplie les surfaces de chauffe à l'infini dans un petit espace, n'exige qu'une très minime profondeur de liquide , accélère ou diminue à volonté et suspend même instantanément son action puissante , produit des évaporations extrêmement rapides, ne court jamais le risque de brûler ni vesou ni sirop, et, par toutes ces raisons , augmente notablement et la qualité et la quantité des produits , l'une étant solidaire de l'autre. Or, par le fait d'une qualité supérieure la quantité de sucre de premier jet étant augmentée, les *eaux-mères* qui s'égouttent sont plus belles aussi, et donnent à la recuite des sucres plus beaux et plus abondans. Tout enfin milite pour la vapeur, généralement adoptée par les fabricans indigènes.

Dubrunfaut admet que la fabrication du sucre de betteraves *à feu nu* demande quatre heures de temps : la fabrication du sucre de cannes, qui est même loin d'être aussi prompte aujourd'hui, se fera, *par la vapeur*, en une heure et demie, ou deux heures au plus , à partir du moment où le vesou est exprimé jusqu'à celui où la *cuite* tombe dans le rafraîchissoir.

Défécation. — L'utilité d'une bonne et prompte défécation est devenue un principe trivial de fabrication sucrière ; sans elle, quoi qu'on fasse, on ne peut pas obtenir de beaux produits. Pour la canne, il ne s'agit pas seulement de précipiter les matières albumineuses en suspens dans le vesou, mais encore de purger ce vesou de toutes les saletés qui s'échappent avec lui des cylindres du moulin et qui, passant dans les évaporatoires, occasionnent de nombreuses écumes et colorent la matière. Immédiatement à la sortie du moulin, le vesou doit donc, comme je l'ai dit plus haut, se rendre dans les défécateurs, et y être instantanément porté à une température de 80° centigrade, qui arrête dans ses effets et détruise même tout principe fermentescible. Pour plus de sécurité, je conseillerais encore de chauffer par un jet de vapeur, et le canal qui conduit le jus aux défécateurs, et la table de métal où le jus s'écoule des cylindres.

N'opérer que de petites défécations de 5 à 600 litres est une méthode précieuse indiquée par la pratique. La défécation se fait alors proportionnnellement plus vite, et le liquide acquiert plus de limpidité. Il faut donc multiplier le nombre des défécateurs, qui, pour être nettoyés sans peine et sans perte de temps, seront à double-fond. Il est essentiel aussi de les soustraire immédiatement à la vapeur, dès que l'ébullition commence à se manifester. « Alors les agens défécans ont exercé tout leur pouvoir, » et l'action mécanique, qui consiste dans la séparation » bien distincte des matières étrangères, doit se terminer » dans le repos, à l'abri des courans ascendans et des- » cendans qu'entraine toujours un calorique mal inter- » cepté. » (S. Hotessier).

Quant aux agens défécans, la chaux est reconnue pour le meilleur. La nature des cannes travaillées, leur âge, la saison dans laquelle on les coupe en déterminent la quantité utile. Il est telles circonstances où elle n'est même pas nécessaire; je l'ai éprouvé plusieurs fois, et le sucre des analyses de MM. Pelligot et Hervy en était exempt. Si l'on s'en sert, que ce soit donc avec la plus grande discrétion (1).

Filtration au noir animal. — M. Hotessier, dans la brochure remarquable, qu'il a publiée en 1840 sur le *sucre exotique*, s'exprime ainsi à ce sujet ·

« Personne n'ignore la vertu décolorante du noir ani-
» mal; mais ses autres propriétés favorables à la fabrica-
» tion du sucre sont moins connues, quoiqu'elles soient
» néanmoins dignes du plus haut intérêt pour la bonté
» des produits. Je veux parler surtout de la propriété
» que possède cet agent de saturer et l'excès de chaux et
» l'excès d'acide que conserve encore la liqueur sucrée
» après qu'elle a subi la défécation. Il rectifie admirable-
» ment cette dernière opération, pour laquelle il est sou-
» vent difficile d'ajouter la juste proportion de chaux que
» l'on emploie surtout aux colonies avec si peu de soin
» et d'attention. Un jus qui a subi l'effet du noir est faci-
» lement reconnaissable à la cuite : son bouillon est sec
» et ne monte point ; le sucre qui en provient est surtout

---

(1) Dans l'état actuel de la fabrication coloniale, je regarde l'emploi de la chaux comme indispensable, puisque le vesou languit si longtemps et qu'il faut six à sept heures pour le transformer en sucre. Mais la question n'est plus la même, lorsqu'il s'agit de fabriquer en une heure et demie ou deux heures, et qu'il n'existe plus aucune cause capable d'acidifier le vesou.

» remarquable par la grosseur de son grain, qui est dé-
» taché et bien formé. »

Ces principes, fort justes en eux-mêmes, ne doivent
être appliqués qu'avec une certaine circonspection. Le
jus de la canne déféqué, évaporé et cuit avec la *propreté*
et la *célérité* que j'indique, produit, du premier jet et
sans autre manipulation, du sucre brut de belle nuance,
approchant beaucoup du type surtaxé. Or, je laisse de
côté pour le moment cette question de la surtaxe qui a
soulevé tant de réclamations, et qui n'a pas toujours été
bien comprise : bonne ou mauvaise, je prends la législation telle qu'elle existe, m'en remettant aux autres du
soin de discuter les théories, et fidèle à mon idée d'agir
le plus promptement et le mieux possible dans le milieu
colonial. Or, je ne crois pas qu'il soit avantageux, *com-
mercialement,* d'aborder franchement la surtaxe, lorsque,
sans frais extraordinaires et tout naturellement pour ainsi
dire, les produits se trouvent beaux et peuvent être ven-
dus déjà 3 et 4 francs au-dessus de la bonne quatrième.
Je n'adopterai donc pas la filtration des sirops à 25 ° avec
15 ou 20 p. o|o de noir animal, comme la conseille M. Ho-
tessier, persuadé que je dépasserais le type surtaxé. Mais
une filtration à laquelle j'attache le plus haut prix, en vue
de la granulation du sucre et non en vue de la nuance,
c'est celle du vesou au sortir des défécateurs. Pour la
première, les filtres Dumont étaient indispensables ; à
celle-ci toute espèce de filtre sera bien appropriée, et 4

ou 5 p. °[° de noir animal à gros grains suffiront largement.

Appareils d'évaporation et de cuite. — Une fois la défécation et la filtration opérées, deux systèmes sont ad-
missibles, et il n'y en a que deux :

D'une part, *l'appareil à cuire dans le vide.* perfectionné
par M. Ch. Derosne ;

D'autre part, *les chaudières à air libre et à serpentins.*

Les avantages de l'appareil à cuire dans le vide sont
incontestables : économie de combustible, évaporation à
une basse température, et par conséquent augmentation
de la qualité des produits. Les inconvéniens sont ceux-
ci : extrême délicatesse de l'appareil dont la conduite
exige des hommes spéciaux, et cherté de premier achat,
cherté d'installation.

Les chaudières à air libre ne sont point avantageuses
au même degré ; mais elles sont d'un maniement et d'une
réparation faciles, et coûtent beaucoup moins cher de
premier achat et de pose. Si on les emploie, elles devront être superposées les unes aux autres, de manière
que le vesou tombe des défécateurs dans la première
chaudière ; de celle-ci dans la seconde ; de la seconde,
suivant le nombre, dans la chaudière de cuite.

L'évaporation, du reste, n'est qu'une question de célérité, et la cuite qu'une question de ponctitude. Quel
que soit le mode, en résumé, l'art de faire une bonne
cuite est toujours et partout le même.

Rafraîchissoirs. — Le sucre ne devant être ni enformé par petites quantités, ni terré, les bacs en bois usités dans les colonies peuvent servir de rafraîchissoirs. Seulement, je réduirais leur capacité à la contenance de deux ou trois cuites (250 kilos), se succédant promptement. Peut-être aussi serait-il bon d'en incliner le fond et d'y percer quelques trous de manière que, la granulation commencée, les premiers sirops s'égouttent.

Enformage dans. les boucauts. — Ce mode, fort économique quant à la main-d'œuvre, sera conservé sans inconvénient jusqu'à nouvel ordre, jusqu'à ce qu'une nouvelle législation donne plus de latitude à la manufacture coloniale et lui ouvre franchement la voie du progrès. Après dix ou douze heures de cristallisation dans les rafraîchissoirs, le sucre sera porté dans les boucauts disposés sur de larges gouttières en zinc : on prendra garde d'en briser brutalement les cristaux, comme cela se pratique d'habitude, et on l'enformera, possédant encore une certaine chaleur.

Cette chaleur sera même maintenue dans la purgerie d'une manière constante. Une température élevée hâte l'égoût des sirops, et de la promptitude des égoûts dépend en partie la qualité du sucre de premier jet, et presque entièrement la quantité du sucre de deuxième et de troisième jet.

Quand'les boucauts auront abandonné tout leur sirop, on enlèvera *le mauvais bout*, le bout inférieur, et on ouillera avec des produits égaux en nuance et en siccité. Alors il n'y aura plus de coulage et de perte, ailleurs que dans la purgerie elle-même.

Recuite des sirops. — On a vu dans la note de la page 12 qu'il était matériellement impossible d'obtenir, *manufacturièrement du premier jet,* toutes les quantités de sucre contenues dans la canne. Quelque excellente que soit la fabrication, les sirops qui s'écoulent des boucauts figureront toujours pour un chiffre important. Mais ces sirops sont en partie du sucre et du sucre parfaitement cristallisable : c'est folie que de les abandonner au commerce ou aux rhumeries. Il faut les recuire avec soin, les recuire *journellement,* après un seul jour d'égoût. Une seconde chaudière de cuite à serpentins devra donc être spécialement destinée à cet usage, et suffire jour par jour. D'un autre côté, comme les produits de deuxième et de troisième jet seraient bien inférieurs à ceux du premier et afin d'égaliser à peu près les qualités, les filtres que je juge inutiles plus haut trouveront ici une large application ; toutes les claires des recuites devront être filtrées avec 15 ou 20 p. % de noir animal à gros grains.

Résultats de la fabrication. — Le rendement en vesou étant évalué à 70 p. % *du poids des cannes,* une fabrication bien entendue et sagement conduite fournira donc 14 p. % de *cuite,* ou *de sucre et sirop.* Avec les recuites successives que j'ai indiquées, est-ce trop espérer que de compter sur 10 °/₀ de sucre parfaitement cristallisé et marchand? — Ces 10 p. °/₀ du poids des cannes représentent, eu égard à la *cuite totale*, 70 p. °/₀ de sucre, et les 4 p. °/₀ de mélasse incristallisée, 30 p. °/₀. Cette dernière proportion, qui, aujourd'hui, est de 50 p. °/₀, me semble encore énorme, et j'ai peine à la supposer. Néanmoins il vaut mieux exagérer les mauvaises chances que les bonnes, et il me suffit de pouvoir constater, sans crainte d'erreur, une production double de la production actuelle, et de consacrer, comme une vérité, ce chiffre magique de 10 p. °/₀ de rendement auquel se rattachent les destinées coloniales.

Frais d'une usine centrale. — A quelles conditions de frais d'installation première et de frais annuels, une usine centrale peut-elle s'organiser et subsister? — Répondre catégoriquement à cette question serait long et difficile : tout dépend de la manière dont chacun comprend les choses industrielles, de la quantité de cannes sur laquelle on veut opérer, de mille raisons toutes personnelles, telles que l'aptitude du spéculateur, etc., etc.

Ce que je peux dire en général, après des calculs assez précis, c'est qu'un établissement capable de produire 2,000,000 kilos de sucre en quatre mois, et pour lequel il n'y aura d'autre luxe que celui de bons ustensiles, les bâtimens étant en bois, doit coûter environ 200,000 francs tout compris. Pour une fabrication de 1,000,000 kilos de sucre et moins, ce serait 125,000 francs.

Quant aux dépenses annuelles , on peut évaluer :

Les frais généraux à 70,000 francs pour le premier cas, et à 50,000 francs pour le second ,

Le combustible à un kilo de charbon pour un kilo de sucre, soit 5 centimes ,

La main-d'œuvre à 3 centimes pour un kilo de sucre également.

Les autres frais de boucauts, de transport, de frêt, de droits de capitation, de douanes, etc., etc., sont les mêmes que ceux qui existent aujourd'hui.

Mais, je le répète, il ne m'appartient pas de dresser ici le bilan de l'industrie. J'ai rempli mon but, si j'ai posé sur une base solide les principes généraux d'un système qui, pour le colon et l'industriel, se résoudra en une bonne affaire. A ceux qui me le demanderaient, je me ferai un devoir de communiquer et renseignemens et chiffres plus positifs et plus détaillés.

VIII

CONSÉQUENCES DU SYSTÈME.

Les conséquences qu'amène à sa suite *le système de la centralisation industrielle* ont sans doute été pressenties dans le courant de cette discussion. Il importe toutefois de les résumer, d'abord quant aux colonies elles-mêmes, ensuite quant au commerce métropolitain, enfin quant au gouvernement de la France.

I. Menacées d'une ruine certaine par la fabrique indigène, les colonies y échappent, non point à la faveur d'une protection toujours précaire, mais par la force même des choses, par une exploitation raisonnée et complète de toutes leurs richesses. Elles anéantissent à tout jamais une concurrence dont elles ressentaient, chaque année, de plus en plus, les atteintes dangereuses, et elles s'assurent une exclusive prééminence sur les marchés de la métropole.

II. La culture s'améliorant et s'étendant peu à peu sur

une surface de terre double de celle cultivée aujour-
d'hui, *les propriétés sucrières* augmentent annuellement
leurs revenus, et, dans un temps plus ou moins court,
arrivent, sans peine et sans frais nouveaux, à les dou-
bler. Elles se liquident, deviennent riches de misérables
et obérées qu'elles étaient, et peuvent enfin songer à l'a-
venir et se préparer des ressources pour les mauvais
jours, s'ils surviennent.

Les propriétés vivrières ne participent pas moins à ce
bien-être général, et la canne à sucre, devenue une mar-
chandise courante et précieuse, remplace la *patate*,
l'*igname*, le *manioc*, qui suffisaient médiocrement à la
subsistance du petit habitant.

III. Les *habitations* n'étant plus astreintes à l'établissement et à l'entretien d'une usine, et n'ayant plus de
valeur que par le *sol*, la *division de la propriété* est possible. Des cohéritiers, dont l'organisation présente liait
à jamais les intérêts, se partagent désormais leurs terres
et leurs nègres, sans crainte d'en voir diminuer la valeur,
et leur donnent telle destination qu'il leur plaît. Ils cessent
d'être à la merci de l'un d'eux, ou d'un géreur maladroit,
ou d'un séquestre mauvais géreur. Chacun n'est plus
responsable de sa bonne ou de sa mauvaise administration que vis-à-vis de lui-même. Diviser autrefois, c'était
ruiner la famille, parce que c'était annihiler un des élémens constitutifs de la propriété coloniale, *les moyens de
fabrication ;* diviser aujourd'hui, c'est assurer les droits

de chaque membre de la famille d'une manière équitable. C'est encore, avec le travail tel qu'il est organisé dans les colonies, améliorer le sol et accroître les produits de la propriété. Un petit atelier de nègres esclaves travaille proportionnellement plus que s'il était réuni à un nombre plus considérable: mieux surveillé et mieux dirigé, il prospère davantage et accroît la prospérité du maître. Quoique les économistes soient partagés d'avis sur les avantages et les inconvéniens du morcellement des propriétés, la question ne peut être douteuse pour les colonies, où les conditions de travail sont exceptionnelles.

IV. L'augmentation de la culture donne au sol une valeur intrinsèque qu'il n'avait et ne pouvait pas avoir. La division de la propriété lui donne une valeur relative, c'est-à-dire *une valeur vénale* bien plus importante encore. Un hectare de plus ou de moins n'était rien pour le colon qui ne pouvait jamais cultiver que le tiers ou la moitié de ses terres, et qui ne pouvait les vendre qu'en masse en y comprenant ses exploitations rurale et manufacturière. Maintenant un hectare, propre à la culture de la canne, jouit d'une valeur fractionnaire égale au produit qu'il peut fournir. Il se vend, comme en France, un arpent de blé ou de vigne; il se loue, il s'hypothèque. Toutes les transactions qui ont pour base le sol deviennent possibles, parce que la terre reçoit une estimation fixe et positive; parce qu'elle porte sa richesse en elle-même, indépendamment de toute chance industrielle; parce qu'elle devient, entre les mains du créancier, un gage sûr.

V. *L'expropriation forcée*, sur laquelle on a dit tant de choses contraires, parce qu'elle eût été la cause d'autant de mal que de bien, ne lèse plus les intérêts de personne. D'une part, elle sera d'autant moins appliquée que l'*hypothèque* reposera sur un titre plus solide, et l'hypothèque sera d'autant plus estimée, outre la solidité du titre, qu'elle aura l'expropriation forcée pour auxiliaire.

D'autre part, quand elle sera appliquée, les enchères ne seront plus illusoires comme aujourd'hui, où une propriété à vendre ne trouve pour *acheteur direct* qu'un créancier principal qui se rembourse au détriment de la masse, ou pour *acheteur indirect*, que l'ancien propriétaire lui-même, qui se liquide par un acte de mauvaise foi. On appelle cela *blanchir* une habitation. Heureusement pour la morale publique, ces lessives honteuses seront supprimées, à cause de la valeur des terres et de la facilité des ventes et des locations.

VI. *Le commerce des ports de mer coloniaux*, si sérieusement engagé avec la campagne, se liquide peu à peu et rentre, à coup sûr, dans des avances fortement compromises à l'heure qu'il est. Une fois liquide, il réduit forcément le taux de ses commissions et de ses escomptes, facilite toute espèce de transactions, remet en circulation ses capitaux avec confiance, les prête même à l'industrie à laquelle il est bien obligé de *croire*, puisqu'il lui doit son salut, et, quoique opérant dans des conditions moins favorables, grossit ses inventaires annuels en raison de l'accroissement immense des affaires.

VII. Toutes les belles institutions dont s'honore la métropole, et dont chaque département de la France a sa part, naissent à leur tour dans les colonies devenues prospères. Le *crédit public* s'organise, et à sa suite *les assurances, les caisses d'épargne et de prévoyance ; l'instruction publique* se régénère ; la civilisation pénètre enfin sous toutes les formes dans ces beaux pays, où l'homme ne voulait rien faire, parce que la nature avait tout fait pour lui. Elle y pénètre rapidement comme un rayon de lumière qui traverse l'espace, et les colonies s'assimilent aux départemens les plus avancés, et Cuba n'est plus seule renommée et jalousée entre toutes les Antilles, comme marchant l'égale des plus belles provinces de sa métropole.

VIII. *Les ports de mer français* en rapport avec les colonies recueillent, dans une plus haute mesure encore, les bienfaits de la révolution coloniale.

Comme *entrepôts*, ils voient progressivement le chiffre des importations s'élever à une valeur double, triple et quadruple, et leurs affaires sur les sucres, bornées à 100 millions, s'étendent peu à peu jusqu'à 400 millions de francs.

Comme *centres d'exportation*, ils ne sont plus en rapport avec de malheureux pays ne tirant de la métropole que les objets strictement nécessaires à sa subsistance, mais à des populations redevenues riches plus qu'aux beaux jours du temps passé, et naturellement portées au bien-être et au luxe. Le frêt, presque nul au départ de France, acquiert insensiblement de l'importance : le charbon de terre, le noir animal, les machines destinées aux usines centrales lui assurent un tribut annuel, et les relations rendues plus fréquentes multiplient le bénéfice des *passages*.

Comme *centres d'armemens* enfin, les ports de mer touchent à un degré de splendeur inespérée. 500 navires à peu près, c'est-à-dire les deux tiers de l'effectif de notre marine marchande, font le commerce des colonies : ce nombre doit être porté successivement jusqu'à 2,000. La marine marchande française, pâle copie de la marine anglaise, s'organise alors sur de larges bases, prend un corps, devient puissance à son tour. La grande construction succède aux constructions de petit modèle, et nos bâtimens peuvent aller hardiment, aux États-Unis ou dans l'Inde, rivaliser avec les Anglais et les Américains, certains en tous cas de se replier avec succès sur Bourbon ou sur les Antilles, où les attend toujours un frêt abondant (1).

---

(1) L'exploitation des *résidus de la morue*, dont il a été parlé à la page 46, serait aussi une grande ressource pour les navires des Antilles, qui, arrivés à l'arrière-saison, ne seraient plus tenus à désarmer dans les ports ou à courir l'aventure, mais trouveraient là un voyage intermédiaire avantageux.

IX. Cette question de marine, si heureusement résoute dans l'intérêt direct et matériel des ports de mer, grandit et s'élève à une bien autre portée quand on considère le pays en lui-même, la France et son gouvernement. Dieu merci! nous n'en sommes plus au temps où l'on délibérait s'il ne faudrait pas achever de détruire ce que les désastres de l'Empire nous avaient laissé de vaisseaux et de matériel naval. Les illusions et les erreurs théoriques, qui ont donné naissance à de semblables préjugés et qui voulaient faire de la France une puissance exclusivement continentale, se dissipent de jour en jour. Les yeux de tous les hommes d'état et l'attention du pays entier se reportent avec sollicitude sur nos côtes maritimes et sur nos possessions coloniales, et il faut être aujourd'hui radicalement Anglais de cœur, ou pousser l'*anglōmanie* politique jusqu'à l'absurde, pour ne pas comprendre, pour ne pas vouloir une France maritime. C'est ce sentiment universel qui a produit depuis quelque temps une heureuse réaction en faveur des colonies, et qui oppose une digue momentanée aux débordemens passionnés et aux exagérations ridicules de quelques abolitionistes. C'est le même sentiment qui, j'ose l'espérer, donnera quelque importance à cette brochure en ce qu'elle contient de politique vraiment nationale.

Pour le pays en effet et pour un gouvernement conforme à ses idées, posséder Bourbon, les Antilles et Cayenne, c'est tenir sur pied 500 navires marchands, c'est entretenir une population de 5,000 marins, prêts à servir, au premier signal, sur les bâtimens de l'état, et, dans ce sens, le pays veut que l'on garde Cayenne, les Antilles et Bourbon. Combien donc ne le voudra-t-il pas davantage, lorsqu'au lieu de 500 navires, il y en aura 1,000, 1,500, 2,000, et que, sur trois lignes seulement, 15,000 marins français de plus parcourront les mers ! Il ne faut pas se le dissimuler, et il faut croire aux choses vraies, quelque extraordinaires qu'elles paraissent d'abord et quelqu'infime que soit leur cause, une révolution industrielle dans les colonies, ce n'est rien moins qu'une révolution maritime en France.

X. Une autre et dernière conséquence de la *centralisation industrielle*, qui est bien pâle auprès des hautes considérations qui précèdent, mais qui sera bien venue auprès des perpétuels antagonistes du budget, c'est l'accroissement progressif des recettes de l'impôt sur les sucres. En produisant 80,000,000 kilos de sucre, les colonies rapportent à l'État environ 40,000,000 fr. ; la production doublée lui en rapportera 80, et la production quadruplée 160. Au fait, cela n'est point à dédaigner, et, tandis que le chapitre des *dépenses du budget métropolitain* va toujours grossissant, il sera heureux que les *recettes coloniales* augmentent suivant la même raison, et qu'elles finissent par alléger de 120,000,000 fr. de plus les charges bien lourdes des contribuables.

CONCLUSION.

Si ce que j'ai dit sur la situation industrielle des colonies est vrai, si le système que j'ai proposé comme remède à ce triste état de choses est possible et certain, si les conséquences, qui pour moi dérivent de l'application du système, sont réellement forcées et nécessaires, il me semble que j'ai eu quelque raison de déclarer :

Que, dans la crise coloniale actuelle, la question industrielle primait la question politique pure ;

Et qu'une fois la première favorablement résolue, la seconde prenait un aspect plus rassurant, et se préparait elle-même à une heureuse solution.

En effet, il ne peut venir à l'idée de personne, pas même des abolitionistes les plus extrêmes, de détruire brutalement un fait sans s'inquiéter des conséquences qui suivront cet acte de violence. Qu'auront donc à examiner ceux qui seront appelés à décider du sort des colonies ? Non pas ce qui existe, mais ce qui peut exister

7

d'ici à peu de temps ; non pas la misère présente, mais la richesse assurée à l'avenir ; non plus quelques îlots épars sur l'Océan, produisant peu, rapportant peu au trésor, et n'entretenant péniblement sur mer qu'un petit nombre de navires, mais des centres féconds d'une active production, mais d'énormes impôts prélevés sans peine et sans murmure, mais une masse flottante de bâtimens nouveaux qui tout à coup s'élance de nos ports et établit comme une série de pavillons nationaux sur trois lignes à la fois.

En d'autres termes plus précis, voici l'alternative où la France *continentale* est ramenée vis-à-vis de la France *d'outre-mer* :

Ou, par une mesure cruelle et irréfléchie, mettre au néant colons et colonies, échouer sur ses côtes cinq cents navires devenus inutiles, ruiner Marseille, Bordeaux, le Havre, Nantes et Dunkerque, enlever à son trésor 40,000,000 de revenus ;

Ou, conservant les seules possessions maritimes que la politique européenne lui ait laissées, à elle qui possédait autrefois le Canada, la Louisiane et la Guyane entière, les voir s'élever en quelques années à un degré de prospérité inattendue, les voir jeter dans ses ports 300,000,000 de marchandises de plus, agrandir sa marine commerciale de quinze cents navires, assurer à sa marine militaire une armée de matelots, verser dans son trésor 160,000,000 de francs au lieu de 40.

Qu'elle choisisse !....

Il ne m'appartient pas d'aborder ici une discussion à la hauteur de laquelle je ne saurais me tenir. Seulement, je ne suis pas de ceux qui veulent, d'une manière absolue, la conservation du régime colonial actuel, ou *rien*; je ne suis pas de ceux qui croient que la métropole veut le triomphe d'une idée aux dépens de ses colonies et à ses propres dépens; j'ai foi dans la loyauté de la nation, j'ai foi en même temps dans l'égoïsme de sa politique; et je suis de ceux qui pensent que la grande mesure destinée, tout en consacrant un principe, à garantir la conservation des *intérêts coloniaux*, sera d'autant plus énergique et d'autant plus efficace que les *intérêts métropolitains* y seront plus engagés.

Aux hommes d'état maintenant à trouver cette sage et forte combinaison, cette transaction équitable qui doit équilibrer les idées et les faits, et assurer le triomphe des unes aussi bien que celui des autres! A eux de résoudre ces questions, au nom de principes également favorables à la dignité humaine et au développement de notre puissance navale et coloniale! Mais, quant à croire que les colonies doivent périr, la raison le défend, ou il faut désespérer à jamais de voir la France comprendre ce qui est grand et utile.